Johannes B. Lotz Der geistliche Mensch

Johannes B. Lotz

Der geistliche Mensch

Anregungen nach Texten
aus den Paulusbriefen

Kyrios-Verlag GmbH Meitingen · Freising

THEOLOGIE UND LEBEN 83

CIP-Kurztitelaufnahme der Deutschen Bibliothek

Lotz, Johannes B.:
Der geistliche Mensch : im Anschluß an d. Apostel
Paulus / Johannes B. Lotz. — 1. Aufl. — Meitingen ;
Freising : Kyrios-Verl., 1987.
  (Theologie und Leben ; 83)
  ISBN 3—7838—0369—1
NE: GT

ISBN 3—7838—0369—1
1. Auflage 1987
© Kyrios-Verlag GmbH Meitingen · Freising 1987
Alle Rechte vorbehalten
Einbandgestaltung: Anton Kratzl
Gesamtherstellung: Schnaufer-Druck · D-6972 Tauberbischofsheim

INHALT

Vorwort 7
I. Einführung 9
II. Die inneren Gaben 14
   1. Das Wissen 14
   2. Das Verstehen 15
   3. Die Weisheit 18
   4. Der Rat 20
   5. Die Stärke 22
   6. Die Frömmigkeit 24
   7. Die Furcht Gottes 27
III. Die äußeren Gaben 31
   1. Im allgemeinen 31
   2. Im einzelnen 36
   3. Praktische Anweisungen 41
   4. Das Amt als Charisma 45
IV. Die Liebe als die Gabe aller Gaben 51
V. Die Früchte des Geistes 55
   1. Gaben und Früchte 55
   2. Liebe und Freiheit 56
   3. Enthaltsamkeit und Treue 57
   4. Die Geduld 58
   5. Frieden und Freude 59
   6. Kreuzigung und Herrlichkeit 61

Vorwort

Unser Titel meint den Christen als den Menschen, den Christus mit seinem Geist begnadet oder dem sich der Geist Gottes selbst mitgeteilt hat. Daher wird er in seinem gesamten Lebensvollzug vom Gottesgeist durchformt, geprägt und vollendet. Hierbei werden die Gaben wirksam, die vom Geist selbst als der Urgabe ausgehen.

Genauer betrachtet, zeichnen sich drei Stufen des Geistwirkens ab. Der Taufgnade am nächsten stehen die inneren Gaben, nämlich jene, die das innere Leben oder das Gottesleben in uns zur Entfaltung bringen. Dazu kommen die äußeren Gaben, die im Leben der Gemeinde das Menschliche auf das Göttliche hin durchleuchten. In dem Maße, wie alle diese Gaben ihre Fülle erreichen, reifen die Früchte des Geistes, die den geistlichen Menschen auszeichnen und anziehend machen.

Von anderen ähnlichen Schriften hebt sich die vorliegende Darlegung dadurch ab, daß sie alle drei Stufen der Geistmitteilung in einer umfassenden Geamtschau entwickelt und so ein allseitiges Bild des geistlichen Menschen entwirft. Das Ganze geht auch über eine wissenschaftlich-theoretische Darstellung hinaus, indem es als Niederschlag von mehreren Meditationskursen zu der meditativen Aneignung und Verwirklichung der Geistesgaben anzuleiten unternimmt. Hierfür ist der Heilige Geist als „der große Meister" von entscheidender Bedeutung.

München, den 25. April 1987

J.L.

I. Einführung

Im deutschen Sprachraum bezeichnet der Katholik von heute die Priester der Kirche als die ‚Geistlichen'. Damit sind wir auf den Apostel Paulus zurückverwiesen, für den jeder Christ ein ‚geistlicher Mensch' ist. Nach diesem Zeugnis ist dem Christen der Geist Gottes oder der Heilige Geist, der als die dritte Person das innergöttliche Leben vollendet, mitgeteilt. In dem Maße, wie dieser Geist ihn durchdringt sowie sein Wesen und Tun prägt, ist er ein geistlicher Mensch. Ihn beschreibt Paulus des näheren im 2. Kapitel seines ersten Korintherbriefes, wobei er drei Weisen des Geistes unterscheidet und den Menschen in die damit gegebene Auseinandersetzung, die einem Kampf gleichkommt, hineingespannt sieht. Sie kreist um den Geist des Menschen, der einerseits vom Geist der Welt umworben und andererseits vom Geist Gottes angezogen wird.

Wir setzen bei dem „Geist des Menschen" an, „der in ihm ist" von Geburt aus, der zu seinem Wesen gehört (1 Kor 2,11), ohne den er also nicht Mensch wäre. Damit ist ihm eine hohe Kraft verliehen; denn durch sie weiß er, „was dem Menschen eigen ist" (1 Kor 2,11) oder seine Größe und Würde ausmacht. Namentlich ist er nicht starr festgelegt, sondern ansprechbar und entwicklungsfähig, worin allerdings auch seine Gefährdung liegt. Verschiedene und sogar entgegengesetzte Möglichkeiten zeichnen sich ab.

So manche kommen nicht über die Stufe des „natürlich-sinnenhaften Menschen" hinaus, weshalb sie „für die Dinge des Geistes Gottes nicht empfänglich" sind (1 Kor 2,14). Diese „können sie nicht verstehen", ja sie erscheinen ihnen als „Torheit", weil sie „eben geistlich beurteilt werden" müssen (1 Kor 2,14). Solche sind durch den „Geist der Welt" verführbar oder immer schon verführt; auch bleiben sie auf „Menschenweisheit" beschränkt, wodurch sie einzig die dieser Weisheit entsprechenden „Worte" zur Verfügung haben (1 Kor 2,12f.). Das ist der nicht-geistliche Mensch, in dem der Geist Gottes nicht zur Auswirkung kommt. Er widerstreitet dem wahren Christen, der von jenem oft als unerträglicher Vorwurf empfunden und verfolgt wird. — Anzumerken ist, daß ‚Welt' in diesem Zusammenhang die dem Bösen verfallene und vom Widersacher Gottes, dem „Fürsten dieser Welt" (Joh 12,31), beherrschte Schöpfung meint.

Den Gegensatz dazu bilden die Menschen, die den „Geist Gottes empfangen haben" (1 Kor 2,12). Da dieser „alles, auch die Tiefen Gottes erforscht" (1 Kor 2,10), die niemand außer ihm kennen kann, sind uns durch ihn die Geheimnisse Gottes geoffenbart, nämlich das, „was Gott denen bereitet hat, die ihn lieben" (1 Kor 2,9-11). Demnach befähigt uns Gottes Geist dazu, „zu erkennen, was uns von Gott geschenkt ward" (1 Kor 2,12). Davon reden wir in Worten, die uns der Geist gelehrt hat, „indem wir die Dinge des Geistes für Menschen des Geistes deuten" (1 Kor 2,13). Letztlich umfaßt das Licht, zu dem uns der Geist Gottes erhebt, alles, weshalb „der geistliche Mensch alles beurteilt, ohne daß jemand ihn beurteilen könnte" (1 Kor 2,15). Wer so vom Geist Gottes geleitet wird, wächst immer mehr in „Christi Sinn" hinein, den niemand auszuschöpfen vermag (1 Kor 2,16). Daher ist der geistliche Mensch jener, der Christus angeglichen ist und in dem sich Christi Gesinnung fortsetzt; das klingt im Römerbrief an: „Die sich vom Geist Gottes leiten lassen, die sind Kinder Gottes" (Röm 8,14) oder nehmen am menschgewordenen Sohn teil.

Das Vorstehende führt uns in großartiger Zusammenschau zur „Gabe des Heiligen Geistes" hin (Apg 10,45). Nach Thomas von Aquin trifft das Wort ‚Gabe' auf das Wesen des Heiligen Geistes zu. Im innergöttlichen Leben ist er die Gabe, die sich Vater und Sohn gegenseitig spenden und in der sie miteinander eins sind. Diese Gabe wird auch unsere Gabe, weil der ewige Vater auf die Bitte Christi hin uns den Geist als den „Beistand" gibt, der auf ewig bei uns bleibt und in uns ist (Joh 14,15ff.).

Die Gabe entspringt aus der Liebe; ja sie ist die wirksam und konkret gewordene Liebe selbst. Daher stellt sich auch der Heilige Geist als die Liebe dar, in der sich Vater und Sohn begegnen, in der sich Gott dem Menschen zuwendet und der Mensch zu Gott zurückkehrt oder sich ihm hingibt. Das leuchtet in den Worten auf: „Die Liebe Gottes ist ausgegossen in unsere Herzen durch den Heiligen Geist, der uns gegeben ist" (Röm 5,5). Als die Liebe hat der Heilige Geist mit dem Herzen zu tun; er stammt aus dem Herzen Gottes und ergreift das Herz des Menschen. Indem sich das Herz Gottes öffnet, wird auch das Herz des Menschen zur Offenheit für Gott erhoben.

Das zeigt sich in den vielfältigen Gaben, die aus der einen Gabe, die der Heilige Geist selbst ist, hervorgehen. Die vielen Gaben heißen mit Recht ‚Gaben', weil sie die Fülle der einen Gabe auslegen oder verschiedene Seiten des Reichtums sind, der in der einen Gabe uns mitgeteilt ist. Darauf deutet auch der Name ‚Charisma' für die Gaben des Geistes hin; wie der Geist selbst werden sie uns durch die Gnade (Charis) oder durch das gnädige Sich-Neigen Gottes über uns zuteil. Dieses tritt an den Gaben auf ausgezeichnete Weise hervor, insofern sie unsere gnadenhafte Ausstattung vollenden, worin sich widerspiegelt, daß der Heilige Geist die Vollendung auch des innergöttlichen Lebens besagt.

Die gnadenhafte Ausstattung, die dem Menschen von Gott verliehen wird, umfaßt als Wurzel alles anderen die Gnade der Gotteskindschaft, vermöge der wir Kinder Gottes nicht nur heißen, sondern sind (1 Joh 3,1). Durch die Taufe „aus Gott geboren", sind wir „der göttlichen Natur teilhaftig" (Joh 1,13 und 2 Petr 1,4). Um ein unserer Erwählung entsprechendes Leben führen zu können, sind wir auf Gottes Hilfe angewiesen. Diese wird uns dadurch zuteil, daß Gott den Getauften die Kräfte schenkt, die sie befähigen, als Menschen ein gottähnliches Leben in sich zur Reife zu bringen. Dazu gehören an erster Stelle die drei göttlichen Tugenden, nämlich das Glauben, das Hoffen und das Lieben, die unser Dasein in erster Linie auf Gott ausrichten. Hinzu kommen die vier Kardinaltugenden, die als sittliche Grundhaltungen unsere Beziehung zu den Geschöpfen regeln, nämlich Klugheit, Gerechtigkeit, Tapferkeit sowie Zucht und Maß. Die Abrundung dieser Ausstattung gewähren die Gaben des Heiligen Geistes, die uns für die feineren Anregungen Gottes empfänglich machen, so daß wir von diesen leicht und fruchtbar bewegt werden. Die Geistesgaben senken uns den Spürsinn für Göttliches (instinctus divinus) ein, der in uns das geistliche Erfahren gedeihen läßt. Hieraus erblüht die der bösen Begierlichkeit entgegengesetzte Gelehrigkeit und Verfügbarkeit. In dieser Hinsicht spricht Johannes von der „Salbung" des Geistes, die uns „über alles belehrt" (1 Joh 2,27).

Angesichts der Herzenskälte und der Verkrampfung in das Irdische, die heute die Welt vergiften, braucht es die Geistesgaben, die Wärme ausstrahlen und für alles Göttliche hellsichtig machen. Durch sie überwinden wir Oberflächlichkeit, Stumpfheit und Härte, die sich in der Unwissenheit verdichten und zur schuldhaften Dummheit steigern (worauf der Aquinate aufmerksam macht). Wie diese Fehlhaltungen mit dem Absterben des Christentums einhergehen, so entfachen die Geistesgaben das charismatisch geprägte christliche Handeln. Damit wächst das Christentum vom äußerlichen Haben in das innere Sein hinein.

Was die Geistesgaben im einzelnen betrifft, so leitet sich deren Siebenzahl vom Propheten Jesaja her, der damit den kommenden Messias ausgestattet sieht (Jes 11,2f.). Näherhin tragen diese Gaben den Namen Weisheit, Wissenschaft und Verstand, Rat und Stärke, Frömmigkeit und Gottesfurcht. Auf die drei göttlichen Tugenden zurückblickend, ordnet man dem Glauben die Weisheit, die Wissenschaft und den Verstand zu, dem Hoffen den Rat und die Stärke, der Liebe aber die Frömmigkeit und die Gottesfurcht. Die Reihenfolge der Gaben wird in der vorstehenden Aufzählung hauptsächlich ihrem inneren Rang entnommen. Ergänzend wollen unsere Darlegungen auf das lebendige Sich-Entfalten der Gaben im Reifen des christlichen Menschen zurückgreifen, wobei das Wissen durch das Verstehen zur Weisheit führt. Das im Wissen Aufleuchtende wird durch das Verstehen nach seinem tieferen Sinn erschlossen, was dem Sich-Auskennen im Dasein gleichkommt und so die Weisheit verleiht. Diese aber ist der fruchtbare Boden, aus dem die folgenden Gaben ihre Nahrung ziehen.

II. Die inneren Gaben

1. Das Wissen

Der Mensch wird nicht vom dumpfen Instinkt getrieben, sondern er lebt aus der Einsicht des Wissens. Daher macht Unwissenheit ein wahrhaft menschliches Leben unmöglich, besonders dann, wenn sie verschuldet ist. Das kann u.a. durch Trägheit geschehen; solche Menschen wollen die Anstrengung nicht leisten, die das Ringen um das unentbehrliche Wissen verlangt.

Dabei genügt es nicht, bei dem heute weithin vorherrschenden Wissen haltzumachen, das über das Innerweltliche nicht hinauskommt und sich der Transzendenz verschließt, das alles mathematisch-naturwissenschaftlich begreifen will und deshalb das darüber hinausliegende Geheimnis nicht anerkennt. Dafür hat solches Wissen keinen Sinn, oder es ist in seiner stolzen Anmaßung mit Blindheit geschlagen. Das wahre Wissen, auf das alles ankommt, dringt zu den letzten überweltlichen Gründen, namentlich zu Gott und der ewigen Bestimmung des Menschen vor und durchschreitet so den Gesamtraum des menschlichen Daseins, in dem allein der Mensch erst ganz der sein kann, der er zuinnerst ist.

Auf diesem Wege begleitet ihn Gott durch sein offenbarendes Wort, das ihm nicht nur Irrtümer vermeiden hilft, sondern ihm auch den Zugang zu der Mitteilung des göttlichen Lebens eröffnet, das ihm durch die Gnade zuteil wird. Da es hierbei um Geheimnisse geht, die uns mit unserer natürlichen Kraft nicht zugänglich sind, wird unser Wissen in das Glauben an Gottes Wort hineingenommen. Damit wird von uns das Glaubenswissen verlangt, das alle Wahrheit umspannt, sie ohne Irrtum erfaßt und tief in sie eindringt. Hinter dieser Vollendung seines Wissens bleibt der Mensch häufig zurück.

Seinem Unvermögen steht die Gabe des Geistes, die Wissen oder Wissenschaft heißt, bei, indem sie ihm das Ringen erleichtert und auch das Gelingen schenkt. Wie das Wort ‚Wissenschaft' andeutet, wird dabei das rationale Überprüfen miteinbezogen. So wächst ein Wissen heran, das als persönlich erworbene Überzeugung in das ‚ich weiß' hineinreift und nicht in dem unverbindlichen ‚man weiß' steckenbleibt. Von dem oberflächlichen Mitläufer, der jeder Mode verfällt, hebt sich der mündige, gefestigte Mensch ab, der weiß, worauf es im Leben ankommt und der unbeirrt seinen Weg einhält.

Der Aquinate stellt eine Verbindung zwischen den Geistesgaben und den acht Seligpreisungen der Bergpredigt her; seinen Anregungen folgen wir, wenn auch nicht in allen Einzelheiten. Die Gabe des Wissens oder der Wissenschaft setzen wir zu den Armen im Geist in Beziehung und zwar in zweifacher Hinsicht. Die Armen dem Geiste nach lösen sich von dem ungeläuterten Hängen an den Gütern des Diesseits und machen so ihr Herz für die jenseitige Vollendung frei. Zugleich verzichten sie auf den Wissensstolz, der sie über ihren eigenen Horizont nicht hinauskommen läßt, wodurch sie für das demütige Hinhören auf Gottes Wort empfänglich werden.

2. Das Verstehen

Mit der Gabe des Wissens oder der Wissenschaft hängt auf das engste die des Verstandes oder (besser) des Verstehens zusammen. Mit dem Wissen ist ohne weiteres ein gewisses Verstehen gegeben, das jedoch nicht erschöpfend ist, also der weiteren Entwicklung nicht nur fähig ist, sondern auch bedarf.

Dabei schreiten wir von den Worten, in denen uns das Wissen meist mitgeteilt wird, zu dem Gehalt, der uns darin begegnet, fort; dafür eröffnet uns vor allem die Heilige Schrift den weitesten Spielraum. Außerdem gilt es, den Gehalt, der uns durch das Wort und durch unser eigenes Bemühen geschenkt wird, nach seinem ganzen Reichtum und seiner anfänglich verborgenen Tiefe auszuschöpfen.

Näherhin geht es hier nicht um ein nur theoretisches Verstehen, das unser Herz kalt läßt oder uns nicht ganzmenschlich berührt. Vielmehr kommt es auf den „Glauben, der durch die Liebe tätig ist" an (Gal 5,6), also auf das Glaubenswissen, das durch den Vollzug der Liebe erst eigentlich sehen lernt oder für die Wahrheit in ihrer ganzen Fülle aufgeschlossen wird. Dieses lebendige Verstehen hat einen liebend-intuitiven Charakter, in dem ein kleiner Strahl der seligen Gottesschau des Jenseits aufleuchtet. So kommen wir zu dem inneren „Fühlen und Verkosten der Dinge" (sentire et gustare res interne), zu dem Ignatius von Loyola in seinen „Exerzitien" anleitet. Von ihm stammt auch das „innerliche Erkennen" (intima cognitio), das sich an der Gestalt und am Werk Christi entzündet und den Menschen so wandelt, daß er Christus angeglichen wird.

Innerlich ist solch verstehendes Erkennen, insofern es in das Innere der Geheimnisse eindringt oder sie bis in ihren tiefsten Grund durchdringt, insofern es zugleich bis in das Innerste des Menschen hineinreicht und es ergreift. Die Tiefe des Menschen und die Tiefe der Geheimnisse verwachsen miteinander oder werden gegenseitig ineinander umgesetzt.

Diese Tiefe ist auch der fruchtbare Boden für das Verstehen der Menschen untereinander, weil die Unterschiede von dem Gemeinsamen überstrahlt werden. Das ist ebenso für die Begegnung der Richtungen innerhalb der Kirche (Konservative und Progressive) wie für die zwischen den christlichen Konfessionen und sogar für die mit den nicht-christlichen Religionen wichtig.

Daraus erwächst der begnadete Blick für die Dinge Gottes, namentlich für die des Glaubens, jenes „Verstehen aus innerer Wesenverwandtschaft" (cognitio secundum connaturalitatem), von dem wiederum der Aquinate spricht. Solche Vollendung wirkt der Geist Gottes, der die Tiefen der Gottheit erforscht (1 Kor 2,10), der auch unser Herz bewegt und in alle Wahrheit einführt (Joh 16,13). Weil wir dazu nur schwer gelangen, kommt er unserer Schwachheit durch die Gabe des lebensvollen Verstehens zu Hilfe (Röm 8,26). Er, der „die Herzen durchforscht", „tritt selbst für uns ein" und ergänzt das, was wir selbst zu vollziehen nicht imstande sind (Röm 8,26f.).

Mit der Gabe des Verstehens nehmen wir die Seligpreisung der Friedfertigen zusammen. Die Friedlosen nämlich finden deshalb nicht zueinander hin, weil sie an der Oberfläche bleiben, wo die verschiedenen Meinungen auseinandergehen und gegeneinander streiten. Sie sind in ihre Einseitigkeiten verkrampft und bilden sich ein zu verstehen, während sie in Wahrheit nicht einmal ihre eigene Meinung verstehen, da diese ja nur vom Ganzen her verstanden werden kann. Die Friedfertigen hingegen sind dadurch imstande, den Frieden zu verfertigen und wiederherzustellen, daß sie zu dem alle Einseitigkeiten umspannenden Ganzen hinabsteigen, von dem alle Zwietracht überwunden wird. Das damit gegebene wahre und geistgewirkte Verstehen ist also die Wurzel des Friedens, der nicht nur haltlose Kompromisse erreicht, sondern zu der aus der Tiefe stammenden und damit dauerhaften Einheit gelangt.

3. Die Weisheit

Die Gaben des Wissens und des Verstehens münden in die Gabe der Weisheit ein. Die Weisheit hat ihren Sitz im Herzen als der Mitte des Menschen, zu der die beiden anderen Gaben bereits hingeleiten. Das wissende und das verstehende Herz vollenden sich im weisen Herzen. Dem wissenden Herzen ist die Gabe der Unterscheidung eigen, die das, was stimmt, von dem, was nicht stimmt, abhebt und so Klarheit schafft gegen die Verwirrung, die der Durcheinanderwerfer (Diabolos) immer wieder stiftet. Dem verstehenden Herzen gelingt es, die tieferen Zusammenhänge aufzudecken und in diese durch innere Wesensverwandtschaft hineinzuwachsen. Dem weisen Herzen schließlich ist es gegeben, all das in sich aufzunehmen, indem es nach dem Sinn des lateinischen Wortes ‚sapientia' auf den echten Geschmack von allem kommt (sapere), weshalb ihm alles so schmeckt, wie es in Wahrheit ist. Namentlich erhebt sich die Weisheit zu den letzten Gründen, von denen her sie alles sieht und alles meistert. Damit erfüllt sich die Tiefensicht des Aquinaten: „Dem Weisen kommt es zu, Ordnung zu schaffen" (sapientis est ordinare), wobei die Ordnung, die von der Lebensweisheit ausgeht, das ganze Dasein von seinem tiefsten Ursprung her umspannt. Darin verbinden sich zwei Richtungen; die eine findet Gott in allem und verwirklicht damit die Transzendenz, die zu Gott aufsteigt; die andere findet alles in Gott und verwirklicht damit den Abstieg, der von Gott zu allem zurückkehrt und es so für ihn transparent macht.

Die wahre Weisheit überwindet die falsche oder verkehrte Weisheit, die aus einem verengten Gesichtswinkel in allerlei Fehlbeurteilungen steckenbleibt. Das gilt für die Pseudo-Weisheit der gottfeindlichen Welt, für die irdische Weisheit, die animalische und die diabolische Weisheit. Im Gegensatz dazu vermag die wahre Weisheit alles richtig zu beurteilen, während sie von den Fehlformen der Weisheit nicht beurteilt werden kann, ja von ihnen als Torheit abgetan wird.

Obwohl die wahre Weisheit schon von unserer Vernunft erreicht wird, so gleitet sie doch immer wieder in die eben besprochenen Fehlformen ab. Zu ihrer Läuterung bereitet die Liebe gangbare Wege, die sich im Herzen mit der Einsicht durchdringt. Das, was der Mensch so aus seiner natürlichen Kraft beizutragen imstande ist, wird in Christus hinein überhöht, der für uns „die Weisheit Gottes geworden" ist (1 Kor 1,30). Dieser aber sendet uns den Heiligen Geist und vermittelt uns damit die Gabe der Weisheit, die unsere Vernunft erleuchtet und unser Herz erwärmt, wodurch sie uns zu der den Christen kennzeichnenden Weisheit befähigt und erhebt. Der Geist bringt sie in vielen Stufen zur Entfaltung, die von dem heilsnotwendigen Minimum bis zu jener strahlenden Vollendung reichen, die als begnadete oder charismatische Weisheit ebenso deren Träger beglückt wie andere überzeugt und anzieht. Die Gabe der Weisheit bringt den wahrhaft weisen oder abgeklärten Christen zur Reife.

Der Gabe der Weisheit steht die Seligpreisung der Menschen reinen Herzens am nächsten, die Gott schauen. Im Herzen treffen sich Reinheit und Weisheit. Die Läuterung läßt das Herz zunehmend in die Weisheit hineinblühen, die immer umfassender, tiefgründiger und lebensvoller wird. Das Herz wird immer durchlässiger für das göttliche Licht, wodurch auch Gott selbst aus den Schleiern hervortritt und ein Vorspiel seines jenseitigen Schauens von Angesicht zu Angesicht gewährt. Die hier angedeutete Vollendung hat mit der von Gott ‚eingegossenen Weisheit', die alles menschliche Bemühen in sich aufnimmt und zugleich überschreitet, zu tun. Solches Schauen befähigt zu dem aus der Tiefe genährten Schaffen der Ordnung und damit zum Vollzug der Weisheit. Wie ohne weiteres einleuchtet, ist so auch der Friede gegeben, weshalb Thomas mit Recht die Gabe der Weisheit auf die Seligpreisung der Friedfertigen bezieht.

4. Der Rat

Von den drei Gaben des Geistes, die deren erste Gruppe ausmachen, werden wir zu den Gaben des Rates und der Stärke als der zweiten Gruppe geführt. In den zahllosen Ratlosigkeiten des heutigen Lebens werden wir oft und oft an das Sprichwort erinnert, daß guter Rat teuer ist. Es gibt so viele ratlose, unberatene oder schlechtberatene Menschen, die voll Unruhe steuerlos dahintreiben, von Zweifeln hin- und hergeworfen werden oder vor lauter Angst, sie könnten danebengreifen, nicht zum Handeln kommen. Solche Ratlose versäumen wegen allzuviel Zögern die oft nie wiederkehrenden Gelegenheiten oder stürzen sich kopfüber in unverantwortbare Abenteuer. Ihnen geht die Entschlußkraft oder wenigstens die Entschlußfreudigkeit ab. Im Gegensatz dazu stehen die wohlberatenen Menschen, die in den jeweiligen Situationen wissen, was zu tun ist, die zuversichtlich und zuverlässig zu brauchbaren Entschlüssen kommen, die sie mit Festigkeit verwirklichen. Soweit sie dabei aus der Weisheit schöpfen, verfallen sie nicht billigen Rezepten, die der Wirklichkeit nicht standhalten, sondern ringen sich zu Lösungen aus der Tiefe durch, die der Situation wahrhaft gerecht werden und daher Wirkungen auf Dauer ausstrahlen.

Wie reift einer zum wohlberatenen Menschen? Schlechte Voraussetzungen sind unausgegorene Ideen und ungezügelte Leidenschaften, zu denen besonders der Besitz-, der Genuß- und der Machttrieb verleiten. Gut beraten wird der Mensch aus seiner eigenen Tiefe oder seinem innersten Selbst. Diese

Stimme ist uns als das Gewissen bekannt, das sich immer wieder unerbittlich meldet, obwohl es auch verbildet und abgeschwächt werden kann. Gegen die Verirrungen des gewissenlosen Handelns und des überängstlichen Nicht-Handelns gilt es um das reife Gewissen zu ringen, das uns ein sicheres Geleit schenkt. Dabei hilft die Kardinaltugend der Klugheit.

Weil jedoch auch sie uns im Stich lassen kann, ist uns die Gabe des Rates verliehen, durch die uns der Geist Gottes mit seinem übermenschlichen Licht gerade in schwer entwirrbaren Situationen beisteht. Dabei werden nicht nur unsere eigenen Überlegungen zu richtigen Ergebnissen gelangen, sondern auch darüber hinausgreifende Eingebungen Klarheit vermitteln. Freilich ist damit nicht jede Zweideutigkeit unseres Daseins behoben; denn das Hören auf den Rat, der uns zuteil wird, schließt immer unsere Freiheit ein, die entweder den Rat befolgen oder sich gegen ihn sperren kann, etwa aus Bequemlichkeit oder aus Hochmut.

In seinen zahllosen Ratlosgkeiten ist keiner völlig alleingelassen; vielmehr ist er stets auf den Rat anderer verwiesen, ohne die er seinen Weg nicht zu finden vermag. Umgekehrt ist ein wohlberatener Mensch imstande und willens, anderen Rat zu erteilen. Solche Ratgeber sind eine kostbare Hilfe im profanen und erst recht im religiösen Bereich. Hierher gehört der Guru oder der Roshi der Meditation des Fernen Ostens, ebenso der Beichtvater und der Seelenführer oder geistliche Vater des christlichen Westens, heute nicht selten durch den Psychotherapeuten oder den Seelenarzt ersetzt, bei dem allerdings die Geistesgabe des Rates meist eine nur geringe oder keine Rolle spielt.

Zwischen dieser und der Seligpreisung der Barmherzigen sieht der Aquinate eine innere Beziehung. Der unberatene oder schlechtberatene Mensch ist in seiner Hilflosigkeit auf das Erbarmen der Wohlberatenen angewiesen. Umgekehrt regt sich in diesen beim Anblick der Unberatenen das Erbarmen, das sie antreibt, diesen beizustehen. Das Erbarmen, das so die Menschen zueinander hinbewegt, entspringt dem Wirken des Geistes der Liebe und findet in der Gabe des Rates seine Vollendung. – Ein anderer Zusammenhang spannt sich zu der Seligpreisung der Trauernden und zu deren Tröstung hin. Die ratlos immer wieder Unsicheren sind durch ihren Zustand in die Trauer gebannt, besonders weil sie keinen Ausweg finden. Die Tröstung, die sie nicht sich selbst zu verschaffen vermögen, wird ihnen von den Wohlberatenen her zuteil, sofern diese sich nicht hochmütig der Not der anderen verschließen. – Man könnte auch die Parallele zu der Sättigung der Hungernden herausarbeiten, wobei freilich im irdischen Leben der Hunger nie ganz gestillt wird und das Kreuz zu tragen bleibt.

5. Die Stärke

Mit der Gabe des Rates hängt die der Stärke zusammen. Der wohlberatene Mensch ist immer noch von Anfechtungen bedroht. Das zeigt das Versagen der Apostel, von denen einer den Herrn verriet, die übrigen aber ihn beim Beginn seines Leidens verließen (Mt 26,56) und Simon, der sich noch nicht als Petrus oder Fels bewährt hat, hat ihn sogar dreimal verleugnet (Mt 26,69-75). Sie wurden von der Schwäche übermannt: „Der Geist ist zwar willig, doch das Fleisch ist schwach" (Mt 26,41). Dasselbe kommt auch später zum Vorschein bis dazu hin, daß sich ein weithin müdes, schwungloses Christentum durch die Gegenwart schleppt. – Davon hebt sich „die Verheißung des Vaters" ab; „der Heilige Geist wird auf sie niederkommen"; sie „werden Kraft empfangen und seine Zeugen sein" (Apg 1,4 und 8). Am ersten Pfingstfest hat sie der Gottesgeist wie „ein gewaltiger Sturm" erfaßt (Apg 2,2). Von da ab hatten sie die Kraft, Gott mehr als den Menschen zu gehorchen (Apg 4,19) und sich für Christi Reich bis zum Opfer ihres Lebens einzusetzen. Derselbe Geist wirkt durch alle Jahrhunderte in der Kirche Christi fort, aus der immer wieder Blutzeugen hervorgehen, die sich als mit übermenschlicher Kraft ausgestattet erweisen.

Der so tätige Geist wirkt sich in der Kardinaltugend der Stärke aus, die durch die Geistesgabe der Stärke weiter gesteigert und vollendet wird. Sie tritt im Überwinden des Bösen hervor. Besonders auf die jungen, noch nicht ausgereiften Menschen übt das Böse oft einen verführerischen Einfluß aus, aber auch nicht selten auf die im Glanz der Lebensfülle Stehenden.

Dieselbe Gabe steht allen Menschen beim Verwirklichen des Guten bei, das häufig gegen nicht geringe Widerstände von innen und von außen zu erkämpfen ist. Dabei haben wir nicht nur „mit Fleisch und Blut", sondern auch „mit den Mächten, Gewalten und Herrschern der Finsternis und den Geistern der Bosheit" zu ringen (Eph 6,12), deren Kraft unsere bloße Menschenkraft übertrifft.

Weiterhin strömt uns die Geistesgabe der Stärke zum geduldigen und unverzagten Aushalten der Leiden des Leibes und auch der Seele zu, die keinem erspart bleiben. Zu den letzteren gehören die Dunkelheiten, die den Glauben und die Liebe belasten. Solche Prüfungen werden manchmal gerade tief gottverbundenen Menschen auferlegt, die so zu ihrer letzten Reife gelangen. Das wird von Johannes dem Täufer im Kerker (Lk 7,18-23) berichtet, ebenso von der letzten Lebenszeit der hl. Theresia von Lisieux und von Reinhold Schneider. – Auf die Gabe des Rates zurückblickend, stellen wir fest, daß der Wohlberatene seinen Weg nicht ohne die Gabe der Stärke vollenden kann. Damit lebt er im „Hoffen wider alle Hoffnung" (Röm 4,18), das ihn „reich macht an Hoffnung in der Kraft des Heiligen Geistes" (Röm 15,13).

Offensichtlich kommt die Seligpreisung jener, die Verfolgung leiden, der Geistesgabe der Stärke am nächsten. In der Verfolgung verdichten sich am deutlichsten die Widerstände, die den Weg des Wohlberatenen bedrohen. Von ihm wird verlangt, daß er „bis aufs Blut widersteht" (Hebr 12,4). Ihm wird als Frucht seines Kampfes das Himmel- oder Gottesreich, also das Höchste zugesagt. Die Verfolgung hat ihn aus allem, was Gott widerstreitet, herausgelöst und so für Gott freigemacht; denn sie ist um der Gerechtigkeit, um des rechten Verhältnisses zu Gott willen geschehen. Dabei verwirklichen und bestätigen sich die Pauluworte: „Wenn ich schwach bin, dann bin ich stark" und „die Kraft vollendet sich in der Schwachheit" (2 Kor 12,9f.). Dabei geht es um „die Kraft Christi", um die Kraft, die von Christus ausgeht und den Heiligen Geist mit seiner Gabe der Stärke einschließt, also um die übermenschliche Kraft, ohne die der Mensch nicht wahrhaft Christ sein kann.

6. Die Frömmigkeit

Die beiden abschließend zu entfaltenden Geistesgaben, nämlich Frömmigkeit und Furcht Gottes, gehören zusammen und bilden eine eigene Gruppe. Wie die beiden anderen Gruppen dem Glauben und dem Hoffen zugeordnet sind, so diese dem Lieben. Das Wort ‚Frömmigkeit' hat in diesem Zusammenhang den weiteren Sinn des lateinischen ‚pietas', das liebende Verehrung meint und sich auf all das bezieht, was der Verehrung würdig ist. Wenn wir dafür im Deutschen das Wort ‚Ehrfurcht' gebrauchen, werden wir schon zu der Geistesgabe der Furcht hingelenkt. Nach Guardini ist die Ehrfurcht jene fruchtbare Haltung, die uns das Große zugänglich macht. Wer hingegen nicht zur Ehrfurcht gelangt oder sie in sich erstickt, verliert den Sinn für das Große, wodurch er einer unsäglichen Verarmung verfällt. Unsere weithin ehrfurchtslose Zeit, die so vieles zerredet, niederreißt und verächtlich macht, erzeugt eine erschreckende Vergröberung des Menschen, dem nichts mehr heilig ist, der sich überlegen vorkommt, wenn er alles in Spott und Hohn zersetzt oder lächerlich macht.

Von dieser Erkrankung werden wir durch den Gottesgeist geheilt, der uns die weise Unterscheidung zwischen dem Verehrungswürdigen und dem Verächtlichen lehrt. Namentlich gibt er uns die Bereitschaft und die Leichtigkeit, das der Verehrung Würdige auch in unserem gesamten Lebensvollzug tatsächlich so zu verehren, wie es ihm gebührt. An erster Stelle ist die Ehrfurcht vor Gott, vor Christus und seinem Reich zu vollziehen. Das alles andere übersteigende Geheimnis Gottes verlangt jene erhabenste Verehrung, die wir ‚Anbetung' nennen und die ihresgleichen nicht hat. Sie erkennt Gott als den unendlich Überlegenen an, von dem der Mensch alles empfängt und dem er alles, was er ist und hat, darbringt. Ein Frevel ist es, Gott die Anbetung zu verweigern; ein Frevel ist es auch, sie einem andern zu geben, weil man diesen dann Gott gleichstellt oder gar überordnet. Die beharrlich geübte Anbetung prägt sich als Frömmigkeit aus, für die viele blasierte, alles banalisierende Zeitgenossen so wenig Gespür haben, daß schon die Aussage, einer sei fromm, ihn verächtlich macht. In Wahrheit ist eine unfromme Zeit als dekadent zu bezeichnen. Sie wird von der Gabe der Verehrung überwunden, die uns dazu befähigt, dem Trend zur ehrfurchtslosen Zersetzung zu widerstehen.

Dieselbe Verehrung kommt Christus als dem menschgewordenen Sohn Gottes und dem Erlöser der Menschen zu; ihm sie tatsächlich darzubringen, treibt uns wiederum die Geistesgabe der Verehrung an. An dieser Verehrung nimmt die Kirche teil, insofern sie nicht lediglich Amtskirche oder eine Verwaltungsbehörde, sondern der geheimnisvolle Leib, in dem der auferstandene Herr weiterlebt, ist. Damit dringen wir zum ureigenen Wesen der Kirche vor, das sich in allem menschlichen Versagen immer wieder durchsetzt und durchhält und wozu uns die Gabe der Verehrung jederzeit den Zugang offenhält.

Dahinter steht der Mensch, der als Person nie als bloßes Mittel zum Zweck ge- und verbraucht werden darf, weil er in die Absolutheit Gottes hineinreicht. Der grenzenlose Mißbrauch, der mit ihm getrieben worden ist und immer noch getrieben wird, verweigert seiner Würde die ihr gemäße Achtung. Das geschieht nicht nur in Konzentrationslagern, sondern auch in Betrieben, die den Arbeiter allein nach seiner Nützlichkeit einschätzen und ihn so dem Roboter annähern. In dieser Hinsicht hat eine Besinnung eingesetzt, die dem Menschen neu gerecht wird und in der sich die Geistesgabe der Verehrung wenigstens verborgenerweise auswirkt.

Die Ehrfurcht vor dem Menschen setzt sich in derjenigen vor der Autorität fort, die wir im Staat und in der Familie antreffen. Wir leben in einer weithin autoritätslosen Zeit, in der die Autorität nicht nur von den Untergebenen unterminiert, sondern auch von deren Trägern selbst durch unerleuchtetes Handhaben geschwächt und schließlich verflüchtigt wird. Damit im Zusammenhang wird auch die geschichtliche Überlieferung abgewertet, von deren Errungenschaften man nichts lernen könne, weil alles völlig neu anfangen muß. Sowohl vom Unterschätzen des Überlieferten als auch vom Überschätzen des heute neu Aufbrechenden bewahrt uns der Gottesgeist, dessen Gabe uns bewegt, einem jeden die Verehrung oder Hochachtung entgegenzubringem, die von seiner Eigenart gefordert wird. Nicht zu vergessen ist schließlich die Ehrfurcht vor dem Leben im Menschen selbst und in der gesamten Natur. Die Achtung vor dem Leben im Menschen wird gröblich durch die Abtreibung des ungeborenen Kindes verletzt und ist durch die Gen-Manipulation auf bisher ungeahnte Weise bedroht. Neu erwacht ist die Achtung vor der Eigengesetzlichkeit der Umwelt, in die der Mensch nicht willkürlich eingreifen kann, ohne seine Lebensbedingungen zu zerstören. In alldem das zu treffen, was den Gegebenheiten entspricht, hilft der Geist Gottes, der uns besonders durch die Gabe der Ehrfurcht die Einsicht und die Kraft zum sachgemäßen Handeln schenkt.

Von den acht Seligpreisungen kommt hier vor allem das Hungern und Dürsten nach der Gerechtigkeit in Betracht, dem Sättigung versprochen wird. Darin liegt, im weiteren Sinne verstanden, daß der Mensch einem jeden das gibt, was ihm zusteht, was namentlich die Achtung vor seiner jeweiligen Eigenart verlangt. Der Gottesgeist treibt dazu an, wobei die Gabe der Verehrung oder Ehrfurcht das Gespür für das Erforderliche verfeinert und zum tatkräftigen Einsatz antreibt. Die versprochene Sättigung verweist durch das Diesseits auf das Jenseits, in dem Gott dem ihm Gerechtwerdenden sich selbst ganz mitteilt.

7. Die Furcht Gottes

Schon in den Psalmen steht das Wort „Die Furcht des Herrn ist der Anfang der Weisheit" (Ps 111,10). Die Vollendung der Weisheit aber ist die Liebe. Daher wird der Mensch durch die Furcht zur Liebe hingebildet; also wird er nicht in der Furcht festgehalten, sondern durch diese und in ihr über sie hinausgeführt. Damit wird der Zusammenhang des Alten Testamentes mit dem Neuen berührt, auf den Paulus hinweist. Obwohl auch im Alten Bund die Liebe nicht fehlt, so haben wir doch durch die Taufe „nicht den Geist der Knechtschaft empfangen, daß wir uns wieder fürchten müssen". Vielmehr ist uns der „Geist von anerkannten Kindern" zuteil geworden, womit wir auf den Weg der Liebe gestellt sind und daher „rufen: Abba, Vater!" (Röm 8,15). Auch im Neuen Bund ist die Furcht nicht entbehrlich, weil sie uns vom Gottwidrigen löst und uns so für die liebende Hinwendung zu Gott frei macht. — Wesentlich verschieden von der erlösten Furcht ist die unerlöste Angst der Heiden vor ihren Göttern, die wegen ihres Neides den Menschen ihr Gutes nicht gönnen, zu denen aber die Liebe fehlt oder wenigstens über erste Andeutungen nicht hinauskommt.

Zugleich ist zu beachten, daß auch im Neuen Testament die eigentliche Furcht, die sich nicht in Ehrfurcht erschöpft, ihre Bedeutung behält. So heißt es für den Menschen, daß er Gottes Gericht wegen seiner Sünde zu fürchten hat: „Furchtbar ist es, in die Hände des lebendigen Gottes zu fallen" (Hebr 10,31). Stets müssen wir uns vor Augen halten, daß wir auf unserem Weg durch das irdische Leben bedroht sind; keiner ist seines treuen Durchhaltens gewiß: „Wer steht, der sehe zu, daß er nicht falle" (1 Kor 10,12). Infolgedessen empfiehlt Paulus als Grundhaltung: „Wirket euer Heil mit Furcht und Zittern" (Phil 2,12). Zugleich muß uns aber die Überzeugung leiten: Wer fürchtet, beginnt, weise zu werden, beginnt zu lieben.

Im Gegensatz dazu verliert sich einer, der meint, die Furcht entbehren zu können oder über sie erhaben zu sein, leicht in der Verniedlichung Gottes, die zusammen mit dem „mysterium fascinosum" nicht mehr das „mysterium tremendum", das gleichfalls zu ihm gehört, zu sehen imstande und gewillt ist (R. Otto). Zusammen damit werden die Freiheit und die Verantwortung, die Schuld und das Gericht verharmlost und sogar geleugnet.

Ein ganz anderes Gottesbild trifft uns im 6. Kapitel des Propheten *Jesaja,* der von der Schau Gottes so erschüttert ist, daß er glaubt, sterben zu müssen, von Gottes Übergewalt fortgerissen. Damit jedoch die Furcht Gottes nicht in ein panisches Entsetzen abgleitet, sondern ihre den Menschen bildende Kraft erreicht, sind drei Stufen zu unterscheiden; im Lateinischen nennt man sie: timor servilis, initialis und filialis, wobei, wie die Ausdrücke besagen, eine wachsende Annäherung an die Ehrfurcht vollzogen wird.

Timor servilis: die Furcht des Knechtes, der sich äußerlich dem Willen des Herrn beugt, ohne innerlich seine Gesinnung zu ändern. Er läßt von seinem dem Willen des Herrn widerstreitenden und deshalb verkehrten oder bösen Tun ab, um der Strafe des Herrn zu entgehen, also allein wegen des Zwanges von außen her. Damit stimmt die Entscheidung von innen her nicht überein; folglich hat diese Weise der Furcht oder diese Angst keine läuternde Wirkung auf den Schuldigen, der sich oft erst recht in seiner Verkehrtheit verhärtet, indem er dem Wirken des Geistes widersteht.

Timor initialis: Die Furcht, durch die der Mensch anfängt, weise zu werden, während er auf der ersten Stufe von seiner Torheit nicht loskommt oder in sie verstrickt bleibt. Der Mensch nimmt die Bekehrung auf sich, indem er das verkehrte Tun nicht nur äußerlich unterläßt, sondern sich auch innerlich davon lossagt. Das geschieht aus dem Motiv der drohenden Strafe, ist aber eine wahre Wandlung, weshalb die Läuterung stattfindet und der Mensch sich, ohne schuldig zu werden, auf Gott hin bewegt. Darin ist der Heilige Geist am Werk, womit die Geistesgabe der Furcht erste Früchte trägt.

Timor filialis: Die Furcht des Kindes oder Sohnes (Tochter), die uns die volle Weisheit schenkt und so von der Torheit befreit. Hierbei erhebt sich der Mensch ebenso über die innere wie die äußere Verkehrtheit, und zwar nicht allein wegen der drohenden Strafe, sondern weil ihn die Liebe zu Gott bewegt, dem er nicht mißfallen oder undankbar sein will, für dessen reiche Gnade und fühlbare Freundschaft er sich zu bereiten trachtet, dem er die Ehre zu erweisen strebt, die ihm gebührt. Damit geht der Schuldige von der unvollkommenen zur vollkommenen Reue über, die auch ohne das Bußsakrament die Schuld tilgt. Diese Stufe der Furcht läutert den Menschen und geht in die Ehrfurcht über, wodurch der Anfang der Weisheit in die vollendete Weisheit einmündet oder in die Liebe gelangt. Das ist einzig durch das Wirken des Gottesgeistes möglich, dessen Gabe der Furcht sich als das Eingangstor für die anderen Gaben öffnet.

Auf die acht Seligpreisungen zurückblickend finden wir, daß der Schuldige, der sich vom Verkehrten ab- und zu Gott hinwendet, deutlich erfährt, wie er ganz auf Gottes Erbarmen angewiesen ist. Damit bietet sich der Zusammenhang mit der Seligpreisung der Barmherzigen, denen Erbarmen zuteil wird, an. In dem Maße, wie einem wirksam aufgeht, daß er Gottes Erbarmen mehr als die Luft zum Atmen braucht, wird er sich angetrieben fühlen, auch gegenüber seinen Mitmenschen barmherzig zu sein. Wer diese Folgerung nicht zieht, hat, wie der unbarmherzige Knecht im Gleichnis, kein Erbarmen zu erwarten (Mt 18,23-35). Hier fügt sich die Seligpreisung der Sanftmütigen, denen der Besitz des Landes zugesagt wird, ein. Indem sie ihre Mitmenschen nicht vergewaltigen, sondern mit der sanften Kraft der Liebe zum Guten führen, gewinnen sie deren inneres Land und auch das verwandelte Land ihres eigenen Herzens. Solche Läuterung vermag einzig der Geist Gottes zu wirken, dessen Gabe der Furcht zu den anderen Gaben hingeleitet und so den Menschen in die christiche Vollendung oder in seine tiefste Einheit mit Gott hineinbildet. Die Vollendung des Christen entspringt dem Geist, der die Vollendung des innergöttlichen Lebens ist.

III. Die äußeren Gaben

1. Im allgemeinen

Bisher haben wir uns bemüht, die inneren Gaben des Geistes zu erläutern und für unser Leben fruchtbar zu machen. Sie heißen innere Gaben, weil sie zur Entfaltung des inneren Lebens oder Gnadenlebens beitragen, weil sie das Leben der Gotteskindschaft zur Vollendung führen oder die Tiefenwandlung des Menschen bewirken. Zu ihnen treten hinzu und aus ihnen gehen hervor die äußeren Gaben des Geistes, die der Bekundung der inneren Wandlung dienen oder für andere erkennbar machen, was im Verborgenen geschehen ist. Damit zeigt sich Göttliches im Menschen oder es begegnen uns Menschen, in denen und aus denen Gott auf uns zukommt oder ein Anruf Gottes uns trifft.

Das Urbild für diesen Zusammenhang ist Jesus, unser Herr, „wie Gott ihn mit dem Heiligen Geiste und mit Wunderkraft salbte"; so ausgerüstet, hat er zahlreiche Taten vollbracht und durch diese das „ganze Judenland" in Bewegung versetzt; die Apostel „sind Zeugen all seiner Taten" (Apg 10,38ff.). Daraus sind die Auswirkungen erblüht, von denen die Urkirche auf das reichste durchzogen war. Das zeigen die Ereignisse, die im Anschluß an die eben wiedergegebenen Worte berichtet werden. Im Hause des Hauptmanns Kornelius verkündete Petrus die Botschaft von Christus, wobei „der Heilige Geist über alle, die seiner Rede lauschten, kam" (Apg 10,44). „Außer sich vor Staunen" sahen die Judenchristen, „daß die Gabe des Heiligen Geists auch über die Heiden ausgegossen ward"; denn sie priesen „die Herrlichkeit Gottes in der Sprache der Entrückung" (Apg 10,45f.) und ließen sich taufen.

Die Geistesgaben, die das Leben der Urkiche auf das deutlichste prägten, sind in späteren Zeitaltern zurückgetreten. Man rechnete nicht mehr mit ihnen, und so bildete sich die Meinung, sie seien zwar für die ersten Anfänge unentbehrlich gewesen; nachher aber sei das Gottesreich so gefestigt worden, daß es auf derartige Hilfen nicht mehr angewiesen war. In den letzten Jahrzehnten hingegen hat man angesichts der weltweiten Bedrohung des Christentums die Bedeutung der Geistesgaben wieder entdeckt. Infolgedessen hat man sich ihnen neu zugewandt und mit aller Sorgfalt auf ihre Fruchtbarkeit für das christliche Leben hingearbeitet. Hieraus erwuchs die charismatische Bewegung, die zunächst im protestantischen, dann aber auch im katholischen Raum immer weitere Kreise erfaßt. Von Nordamerika ausgehend, hat sie auch Europa allmählich durchdrungen. Ihr gegenüber hat ein anfängliches Mißtrauen mehr und mehr einer freudigen Anerkennung bis in die höchsten kirchlichen Kreise Platz gemacht.

Die verschiedenen Gegebenheiten, denen wir auf diesem Gebiet begegnen, bedürfen einer gewissenhaften und erleuchteten Unterscheidung der Geister. Dabei wird sich das Echte vom Unechten abheben und namentlich das wahrhaft vom Heiligen Geist Gewirkte sich von dem absetzen, was Menschen gewaltsam herbeizwingen. Zwei Extreme sind zu überwinden, nämlich sowohl das Unterschätzen wie auch das Überschätzen dieser Gaben. Das Unterschätzen kümmert sich nicht hinreichend um sie und tritt für die gesunde Nüchternheit ein, die ohne sie auskommt und auch vor dem leicht gegebenen Überschwang warnt, der zu allerlei Täuschungen verführt. Das Überschätzen hingegen gerät nicht selten in eine unerleuchtete Begeisterung, nach der ein wahrhaft christliches Leben ohne solche Gaben nicht möglich ist und die schließlich zu einer Sucht entarten kann, wobei sie wie ein süßes Gift mannigfache Illusionen erzeugt. Das Einhalten der Mitte zwischen zuwenig und zuviel bewahrt uns auch vor dem Sich-Einmischen des Widersachers und seines Geistes, der uns unter dem Schein des Guten in die Irre führt.

Bezüglich der echten Geistwirkungen sind noch einmal deren verschiedene Ausprägungen zu beachten. Wie Paulus bemerkt, gibt es „gesonderte Zuteilungen von Geistwirkungen" (1 Kor 12,6). In ihnen ist aber ein und „derselbe Geist", „derselbe Herr" oder „derselbe Gott" am Werk, „der alles in allen wirkt" (1 Kor 12,4ff.). Demnach vereinigt der einzelne nicht alle Geistwirkungen in sich; vielmehr teilt Gott aus ihrer Fülle den einzelnen in dem Maße mit, wie es ihm gefällt. Daher muß jeder mit dem zufrieden sein, was er empfangen hat, wie er auch ohne Neid jedem andern das gönnt, was ihm geschenkt wurde. Alle Gaben stammen von demselben Herrn, weshalb sie zusammenstimmen und ihre Träger in dem Zusammenwirken verbinden, das in der Vielheit die Einheit des Gottesreiches zur Reife bringt.

Die hier gemeinte Einheit hat einen sakramentalen Ursprung: „Sind wir doch alle in einem Geist zu einem Leib getauft" (1 Kor 12,13). Weil die Taufe als Wiedergeburt aus dem Wasser und dem Heiligen Geist geschieht (Joh 3,5), holt sie die durch die Sünde auseinandergerissenen Menschen in die Einheit zurück, die aus den vielen einen Leib macht. Wie nun die Einheit des physischen Leibes aus der Einheit der Seele stammt, so entspringt die Einheit des geheimnisvollen Leibes Christi daraus, daß „wir alle mit dem einen Geist getränkt sind" (1 Kor 12,13). Mit dem einen Geist ‚getränkt' werden wir nicht nur in der Taufe, sondern auch in der Eucharistie, indem die für sie wesentliche Wandlung unter Anrufen des Heiligen Geistes (Epiklese) vollzogen wird. Hier liegt die Einheit im Sein vor, aus der die Einheit im Wirken hervorgeht. Zugleich ist die Einheit von der Art, daß sie die Vielheit nicht aus-, sondern einschließt, was uns das Bild vom Leibe verdeutlicht. „Denn wie der Leib eine Einheit ist und doch viele Glieder hat, und wie alle Glieder des Leibes, obwohl sie eine Vielheit bilden, den einen Leib aufbauen, so verhält es sich auch mit Christus" (1 Kor 12,12). Demnach ist für die Kirche die Vielheit der Gaben genauso wesentlich wie deren Einheit oder Durchdringung in dem einen geheimnisvollen Leib.

Angesichts der Zustände in der Gemeinde von Korinth will Paulus volle Klarheit schaffen, wozu beiträgt, daß er die eben dargelegten Zusammenhänge am Bild des Leibes konkretisiert. Der Leib ist zwar einer, besteht aber aus vielen Gliedern, von denen keines entbehrlich ist und auch nicht an die Stelle eines andern treten kann. Das wird verdeutlicht am Fuß und an der Hand, am Ohr und am Auge; wenn etwas von diesen ausfällt, ist der Leib verstümmelt. Wenn aber der Leib auf das eine oder andere von ihnen reduziert, also nur Auge oder Ohr wäre, so käme kein Leib zustande: „Wäre das Ganze nur ein Glied, wo bliebe der Leib?" (1 Kor 12,19). Die vielen Glieder und der eine Leib gehören untrennbar zusammen (1 Kor 12,20); daß sich der eine Leib in die vielen Glieder ausgestaltet, vollendet sich darin, daß die vielen Glieder zu dem einen Leib miteinander verwachsen sind. – Ähnlich verhält es sich mit den vielen Geistesgaben innerhalb des einen Christusleibes. Dessen volle Verwirklichung verlangt ebenso die Mannigfaltigkeit der Geistesgaben wie deren Zusammenwirken.

Das Gesagte verschärft sich, sobald man die Rangunterschiede der Geistesgaben beachtet. Wiederum blickt Paulus auf den physischen Leib hin, in dem es schwächere oder geringere, edlere und weniger edle Glieder gibt. Die stärkeren Glieder brauchen die schwächeren; dasselbe gilt von den edleren bezüglich der weniger edlen; das zeigt sich am Kopf und an den Füßen (1 Kor 12,21ff.). Man umgibt sogar das weniger Edle mehr mit Ehre, indem man ihm etwa durch die Kleidung mehr Anstand verleiht, während „unser Edles dessen nicht bedarf" (1 Kor 12,23f.). Dieses Bestreben geht auf Gott zurück, der „das Gefüge des Leibes so gestaltet ..., damit nicht ein Zwiespalt im Leibe sei" (1 Kor 12,24f.). Hieraus ergibt sich für die Glieder des Leibes Christi die Folgerung, daß sie „einträchtig füreinander sorgen" (1 Kor 12,25). Im einzelnen heißt das: „Wenn ein Glied leidet, so leiden alle Glieder mit; und wenn ein Glied ausgezeichnet ist, so haben alle an seiner Erhöhung teil" (1 Kor 12,26f.).

Obwohl wir heute, was das Physiologische betrifft, einiges anders als Paulus sehen, so trägt dieses doch zum Beleuchten der Geistesgaben bei. Sicher sind alle, wenn sie auch aus demselben Geist entspringen, nicht vom gleichen Rang. Die einen geleiten tiefer und umfassender als andere in die Herrlichkeit Gottes hinein, weshalb jene vorzuziehen, diese aber nicht zu verachten sind. Jedenfalls bereiten die geringeren Gaben den Weg für die höheren. Dementsprechend gilt es, nicht bei den geringeren Gaben stehenzubleiben, wozu die Tatsache verführen könnte, daß sie nicht selten auffallender sind und die Bewunderung der Menschen herausfordern. Andererseits geht man in die Irre, wenn man die höheren Gaben ohne die Vermittlung durch die geringeren erstrebt, weil dieses Verhalten leicht die eitle Einbildung entfacht. Der Heilige Geist läßt uns durch die geringeren Gaben in die höheren hineinreifen und gewährt uns so ein organisches Wachstum. Weil nicht alle Glieder des Christusleibes zu derselben Höhe der Gaben berufen sind, haben die Träger der höheren eben mit denen der geringeren zusammenzuwirken, wie auch umgekehrt, weil allein auf diesem Wege die allseitige Entfaltung des Leibes der Kirche zustande kommt oder jede einseitige Hypertrophie vermieden wird. Dadurch entwickelt sich die Eintracht, die ebenso das Ganze wie die Glieder am besten gedeihen läßt.

Die vorstehenden Grundsätze, die an Paulus anschließen, gelten auch für den neuen Aufbruch der Geistesgaben, den wir heute erleben. Sicher handelt es sich dabei nicht um Menschenwerk, sondern um echtes Wirken des Geistes. Nicht zu verwundern ist, daß sich auch Unechtes und manchmal sogar Dämonisches einmischt, weshalb die Unterscheidung der Geister ebenso wie damals — und vielleicht mehr als damals — nottut. Wenn diese nicht sorgfältig geleistet wird, besteht die Gefahr, daß durch das unkritisch zugelassene Unechte das Echte in Verruf gebracht und damit das Charismatische überhaupt abgelehnt und sogar erstickt wird. Die so überprüften Geistesgaben sind ein kostbarer Schatz, der das Leben der Kirche aufblühen läßt und anziehend macht, der die menschliche Müdigkeit durch den von Gott gegebenen Schwung überwindet. So kommt im Menschlichen und oft allzu Menschlichen der Christenheit das Göttliche zum Durchbruch. Bei diesem Geschehen müssen auch in unseren Tagen die verschiedenen Geistesgaben einträchtig zusammenwirken und damit einander ergänzen oder zum Ganzen vollenden. Keine der verschiedenen Richtungen, die gegenwärtig tätig sind, darf sich als die allein vom Geist Gottes inspirierte betrachten und daraus das Recht ableiten, die anderen Richtungen zu verdächtigen, zu verurteilen und schließlich auszumerzen. Jede von ihnen muß sich ihrer Grenzen bewußt und daher bereit sein, den anderen ihren Spielraum zu lassen und sogar von ihnen zu lernen.

2. Im einzelnen

Der Gesamtdurchblick durch die äußeren Geistesgaben bereitet den Boden für deren Kennzeichnung im einzelnen. Den Grundzug, der sie alle bestimmt, hebt Paulus zu Beginn seines 12. Kapitels im Ersten Korintherbrief heraus. Negativ betrachtet, ziehen die unheiligen Gegen-Gaben zu den „stummen Götzen" hin, bei denen der Mensch „wie von fremder Macht fortgerissen" ist (1 Kor 12,2). Demnach rauben die unheiligen Kräfte dem Menschen seine Freiheit, indem sie ihn als fremde Macht mit sich fortreißen. Dabei wird er stummen Götzen ausgeliefert, die keine Botschaft für ihn haben, obwohl sie ihn häufig mit leerem Gerede betäuben und sogar zu Lästerungen verführen. Deren eine nennt der Apostel ausdrücklich: nämlich „verflucht sei Jesus!" (1 Kor 12,3). Positiv betrachtet, hebt der Heilige Geist die Freiheit des Menschen zu ihrer Vollendung empor, die sie für Christi Herrlichkeit öffnet und zu dem Bekenntnis befähigt: „Herr ist Jesus!" (1 Kor 12,3). Folglich unterscheiden sich die echten Geistesgaben von den unechten durch ihre Einstellung zu Jesus Christus; während jene die Hingabe an ihn zur Entfaltung bringen, wuchert aus diesen die Empörung gegen ihn, die alles zerstört. Alles kommt darauf an, daß wir „im Geiste Gottes reden" (1 Kor 12,3), was auf die verschiedenen Weisen geschieht, die sich in den einzelnen Gaben verdichten.

An erster Stelle nennt Paulus eine Gruppe von drei Gaben: das Wort der Weisheit, das Wort der Erkenntnis und die Kraft des Glaubens (1 Kor 12,8f.). Beim Erläutern dieser Gaben ist darauf zu achten, daß sie nicht auf die persönliche Heiligung, sondern auf das Wachstum des Reiches Gottes hinzielen: „Zum Wohle aller" (1 Kor 12,7), was besonders bei den Gaben wichtig ist, die sich der Benennung nach mit den inneren Gaben decken. Darauf weisen auch die Formulierungen hin, insofern sie das Wort der Weisheit bzw. der Erkenntnis und die Kraft des Glaubens beinhalten, statt sich auf Weisheit und Erkenntnis sowie auf den Glauben selbst zu richten. Die hier gemeinte Gabe ist also das Wort oder die Rede, die das Herz der anderen oder der Gemeinde zu bewegen vermag.

Namentlich geht es um das Wort oder die Rede, die aus der Tiefe der Weisheit entspringt und in den anderen die Weisheit zu wecken und zu fördern imstande ist, so daß auch diese alles in den letzten großen Zusammenhängen sehen und schmecken lernen. Ähnliches gilt von dem Wort oder der Rede, die Erkenntnis vermittelt, also aus dem Reichtum charismatisch vollendeter Erkenntnis stammt und die anderen zu einer ebensolchen Fülle von Einsicht und Wärme geleiten kann und geleitet. – In diesen beiden Gaben lebt bereits die Kraft des alles vermögenden oder Berge versetzenden Glaubens, von dem der Funke auf die anderen überpringt. Dadurch werden sie über ihren schwachen Glauben oder ihre Kleingläubigkeit erhoben und zu der Unwiderstehlichkeit des Glaubens geführt, der ein ganzes Zeitalter zu wandeln und zu festigen die Kraft hat. Alles kommt auf den ansteckenden oder mitreißenden Glauben an.

Zu den Gaben, die das Innere der anderen oder der Gemeinde umgestalten, kommen sichtbare Geschehnisse, die aus dem Inneren hervorgehen, dessen Wandel vorbereiten, auslösen und bestätigen. Es sind die Gaben der Heilung und sonstige wunderbare Machterweise (1 Kor 12,10). Weil sie den Menschen in ihrer Ohnmacht beistehen, durch ungewohnte Ereignisse das Staunen wecken und so Übermenschliches in unserer Erfahrungswelt durchbrechen lassen, ziehen sie die Aufmerksamkeit der vielen auf sich. Die Gefahr besteht, daß das Äußere vom Inneren gelöst und um seiner selbst willen gesucht wird, was sich bis zu einer ungesunden Süchtigkeit steigern kann, die von den echten Geistesgaben abfällt und damit allerlei menschlichen und auch dämonischen Täuschungen Tür und Tor öffnet. – Derartige Vorkommnisse spielen nach dem Zeugnis der Evangelien im Wirken Jesu selbst eine wichtige Rolle, weshalb sie auch im Leben seiner Kirche von unersetzlicher Bedeutung sind. Das bezeugen Christi Worte: „Wer an mich glaubt, wird die Werke, die ich tue, auch seinerseits tun, und noch Größeres als dies wird er tun" (Joh 14,12). In alledem ist der Gottesgeist tätig, den der Herr sendet, damit er sein Werk fortsetze, was in den Gaben der Heilungen und der wunderbaren Machterweise zutage tritt.

Daran schließen sich bei Paulus die Prophetengabe und die Unterscheidung der Geister an (1 Kor 12,10). Die Prophetie ist hier nicht als Voraussagen des Zukünftigen gemeint; vielmehr geht es um die Verkündigung der verborgenen Geheimnisse Gottes, die aus der Tiefe göttlicher Erleuchtung emporsteigt und sich zu einem Zeugnis von überwältigender Eindringlichkeit erhebt. Dadurch wird der Gefahr des Sich-Verlierens im Äußeren, von der bei den beiden unmittelbar vorausgehenden Gaben die Rede war, vorgebeugt und im Äußern das Innere zur Geltung gebracht. – Damit hängt auf das innigste die Unterscheidung der Geister zusammen, die vor einseitigen Verirrungen bewahrt und zu den echten Gaben des Geistes in ihrem allseitig ausgewogenen Zusammenspiel hinführt. Diese Gabe wirkt dem Diabolos, dem Durcheinanderwerfer oder Verwirrer entgegen, dem der Mensch ohne den Beistand des Gottesgeistes nur allzu leicht verfällt.

Seinen Katalog der Gaben des Geistes schließt Paulus mit den verschiedenen Arten entrückter Sprache und mit der Deutung dieser Sprachen ab (1 Kor 12,10). Das hier Berichtete ist von dem Sprachenwunder des ersten Pfingstfestes zu unterscheiden. Während damals die Apostel die Frohbotschft in den vielfältigen Sprachen der versammelten Völker mitteilten, geht es hier um ungewohnte Laute, die dem inneren Erfahren Ausdruck verleihen, aber weder den Sprechenden selbst noch den sie Hörenden ohne eigene Deutung verständlich sind.

Dem, der die Ausdrucksmöglichkeiten der uns vertrauten Sprachen zu überschreiten nicht imstande ist, kann die Sprache der vom Wirken des Geistes darüber Hinausgeführten wie ein sinnloses Lallen vorkommen. Für ihn ist es nicht leicht, die Sprache der Ent-rückten von derjenigen der Ver-rückten zu unterscheiden. Letztere läuft tatsächlich ohne Sinn oder sinn-los ab; in ersterer hingegen ist ein höherer Sinn am Werke, der die gewöhnlichen Sprachmittel sprengt und sich eine ihm eigene oder angemessene Sprache herausbildet. Diese ist der eigenen Initiative oder Willkür des Menschen entzogen und hat ihren Ursprung im Wirken des Geistes Gottes. – Daher kann auch er allein das Deuten der Geistsprache verleihen, das sich als weitere Gabe des Geistes ausprägt. Diese hat einer nicht schon dadurch, daß ihm die entrückte Sprache gewährt wurde; vielmehr ist er auf den anderen angewiesen, der die Gabe der Deutung empfangen hat. Umgekehrt wird dem Träger der Deutungsgabe nicht immer auch die entrückte Sprache selbst zuteil. Folglich sind diese beiden Gaben mehr als alle anderen auf das gegenseitige Zusammenwirken ausgerichtet.

Darauf weist auch die Schlußbemerkung des Apostels hin, nach der „all das ein und derselbe Geist wirkt" (1 Kor 12,11). Doch gewährt er offensichtlich keinem einzelnen alle Gaben zusammen; denn er „teilt einem jeden auf besondere Weise zu, wie er will" (1 Kor 12,11). Damit entspringt aus dem Walten des Geistes in seinen Gaben ebenso die Einheit wie die Vielheit der Kirche oder deren organische Gliederung, die also nicht von Menschen gemacht, sondern vom Geist geschaffen ist.

Aus den Gaben des Geistes entspringen die Auf-gaben, die den vielen Gliedern innerhalb der Einheit des Leibes Christi gestellt sind. Eine erste Gruppe umfaßt die Apostel, die Propheten und die Lehrer (1 Kor 12,28). Die Apostel sind hier im weiteren Sinne zu verstehen, nämlich als die von der Gemeinde ausgesandten Glaubensboten. Die Tätigkeit der sozusagen amtlich Gesandten wird durch die Propheten ergänzt, deren Eigenart wir bereits umschrieben haben. Mitarbeiter im Gemeindedienst sind auch die Lehrer, denen wohl besondere Aufgaben der Verkündigung, etwa die Vorbereitung der Taufbewerber, übertragen sind. Dazu kommen Wunderkräfte, Heilungsgaben, Hilfs- und Verwaltungsdienste, sowie verschiedene Arten entrückter Sprache (1 Kor 12,28). Alle diese Gaben sind in dem jetzigen Zusammenhang, insofern sie Aufgaben im Gemeindeleben erfüllen, zu betrachten. Das gilt vor allem von den Hilfs- und Verwaltungsdiensten, für die nach der Apostelgeschichte die sieben Diakone bestellt wurden (Apg 6,1-6). Dabei handelt es sich wohl um caritative und organisatorische Aufgaben, die dadurch nicht dem äußerlichen Getue verfallen, weil sie von den Geistesgaben beseelt sind. – In all den vorstehenden Zügen entfaltet sich eine Gemeindestruktur, die für alle Zeiten vorbildlich ist, weil sie einerseits den äußeren Bau entfaltet und andererseits diesen mittels der Geistesgaben vom Innersten her belebt.

3. Praktische Anweisungen

Die Mahnung des Apostels: „Strebt nach den höchsten Geistesgaben!" (1 Kor 12,31) leitet zum 13. und zum 14. Kapitel desselben Briefes über. Bevor wir uns dem „über alles erhabenen Weg der Liebe" zuwenden (1 Kor 12,31), verweilen wir bei den vorwiegend praktischen Anweisungen für die Gaben im Gemeindeleben. Dieses will Paulus mit aller Entschiedenheit in dem ihm entsprechenden meditativen Nährboden verwurzeln. Dafür ist an erster Stelle das Streben nach der Liebe maß-gebend, ohne die, wie wir noch genauer sehen werden, alle anderen Gaben nichts sind. Daraus erwächst das mit Eifer vollzogene Hegen der übrigen Geistesgaben (1 Kor 14,1). In jeder Gemeinde soll also jegliche Betriebsamkeit in das meditative Klima eingebettet sein, das aus dem sorgsamen Hegen der Geistesgaben erblüht. Diese sind also als ein überaus kostbares Gut nicht nur zu bewahren, sondern auch bis zu ihrer vollen Fruchtbarkeit zur Entfaltung zu bringen. Damit überwinden sie vor allem das leere Gerede, zu dem die Verkündigung nicht selten absinkt, indem sie zugleich das „Reden aus des Geistes Eingebung und Kraft" gewähren (1 Kor 14,1). Solches Sprechen setzt sowohl im Sprechenden als auch im Angesprochenen die meditative Offenheit für das Wirken des Geistes voraus, die in den Worten erst „Geist und Leben" entbindet (Joh 6,63).

Genauer geht Paulus auf zwei Weisen des Sprechens ein, nämlich auf die „entrückte Sprache" und auf die Rede „aus der Eingebung des Geistes" (1 Kor 14,2 und 5), wobei er der zweiten Weise den Vorzug gibt (1 Kor 14,5). So entscheidet er sich, weil die erste Weise zunächst nur dem Redenden selbst Nutzen bringt, während die zweite Weise unmittelbar in die Gemeinde hineinstrahlt. Die entrückte Sprache nämlich offenbart zwar „Geheimnisvolles", wird aber nicht einmal vom Sprechenden selbst verstanden, wenn nicht die entweder von diesem selbst oder von anderen vollzogene Deutung dazukommt. Die Sprache „aus der Erleuchtung des Geistes" hingegen fördert die Gemeinde, indem sie nicht allein zu Gott, sondern zu den Menschen redet, sie mahnt und ermuntert oder tröstet (1 Kor 14,2-5). Damit tritt ein Merkmal für die Echtheit der Geistesgaben hervor: Sie sind nicht nur für den einzelnen allein, sondern für die Gemeinschaft bestimmt, die von ihnen geradezu geschaffen, vertieft und gefestigt wird. Meditative Verinnerlichung verschließt die Menschen nicht in sich selbst, sondern öffnet sie für Gott und für die anderen, ja drängt sie zur Mitteilung dessen, was Gott ihnen schenkt. Darauf hat Paulus hingewiesen, indem er das Reden aus der Eingebung des Geistes deutlich der entrückten Rede vorzieht. Unter der Führung des Geistes kommt es nicht auf das Aufsehenerregende, sondern auf die Liebe an, die alle Glieder des Christusleibes umfaßt.

In dieser Einstellung übt auch Paulus selbst seine Tätigkeit aus. Er gesteht von sich: „Ich rede mehr in Sprachen der Entrückung als ihr alle" (1 Kor 14,18). „Um auch anderen etwas zu bieten", will er jedoch nicht „zahllose Worte in entrückter Sprache reden" (1 Kor 14,19). Vielmehr zieht er es in der Gemeinde vor, „lieber fünf Worte", die dem Verstehen zugänglich sind, zu sprechen, als sich dem „Zungenreden" oder der für andere unverständlichen „Glossolalie" hinzugeben (1 Kor 14,19). – Dazu fügt der Apostel zwei ergänzende Bemerkungen. Die Glieder der Gemeinde sollen sich nicht wie „Kinder an Verstand", sondern wie „an Verstand reife Menschen" benehmen (1 Kor 14,20). Kinder an Verstand bleiben sie, wenn sie in Eingebungen des Geistes schwelgen, ohne sie zu verstehen oder ohne daß das von Gott Gewirkte in das eigene Verstehen des Menschen hineinwirkt, also für dieses „ohne Frucht bleibt" (1 Kor 14,14). Bei an Verstand reifen Menschen hingegen durchformt das Geistgewirkte auch das eigene Verstehen des Menschen, wodurch es erst seine volle Frucht bringt oder vom ganzen Menschen angeeignet wird. „Darum sollen wir beten", weil sich allein auf diese Weise das Werk des Geistes in uns vollendet (1 Kor 14,13). – Die andere ergänzende Bemerkung betrifft die „Uneingeweihten oder Ungläubigen", also die Nichtchristen, die in eine Gemeindeversammlung hineingeraten (1 Kor 14,23). Wenn sie dort nur die entrückte Rede ohne Deutung hören, werden sie wohl sagen, die sich so benehmenden Gläubigen „seien von Sinnen" (1 Kor 14,23). Sobald hingegen „alle aus der Eingebung des Geistes reden" oder sich zur Deutung der entrückten Rede erheben, wird dem Außenstehenden „von allen ins Gewissen geredet, wird er ins Verhör genommen und das Verborgene seines Herzens wird ihm licht" (1 Kor 14,24f.). Er wird damit gewandelt, „wird auf sein Antlitz fallen, Gott anbeten und bekennen: Wahrlich, Gott ist unter euch!" (1 Kor 14,25)

Die Geistesgaben sind, wie schon der Name sagt, mit der Natur oder dem Wesen des Menschen nicht notwendig verbunden, sondern ihm durch das Wirken des Gottesgeistes selbst eingesenkt. Näherhin stellen sie sich als lebendige Kräfte dar, die zur Entfaltung ihres Reichtums drängen, worin der Geist selbst ohne Unterlaß wirksam ist. Bei ihrer Entfaltung durchdringen die Geisteskräfte den ganzen Menschen, der in einem lebenslangen Vorgang immer mehr zu einem geistlichen, geisterfüllten, geistgeprägten Geistträger erhoben wird. Die so wachsende Durchdringung der gnadenhaften Geistkräfte mit den natürlichen Vermögen des Menschen weist sehr viele Stufen auf. Bei Paulus treten in unserem Zusammenhang vor allem das entrückte Sprechen samt seiner Deutung und das Reden aus der Erleuchtung des Geistes hervor.

Das entrückte Sprechen erkennt der Apostel durchaus als echte Äußerung des Gottesgeistes an, selbst wenn es ohne Deutung geschieht. Darin erfährt der Mensch seine Grenzen, insofern er das Geistgewirkte nicht zu verstehen vermag. Zugleich wird er über seine Grenzen erhoben, insofern er in das Unaussprechliche hineingerissen wird, von dem Paulus in seinem Römerbrief Zeugnis ablegt (Röm 8,26–28). Dem entspricht „das wortlose Seufzen" (Röm 8,26), wozu auch die entrückte Rede gehört, die in unsere gewöhnlichen Menschenworte zerbrechenden Lauten besteht. Sie verhilft den Gott Liebenden oder wahrhaft für Gott Offenen „zum Guten" (Röm 8,28), obwohl sie für unser eigenes Verstehen oder „Bewußtsein ohne Frucht bleibt" (1 Kor 14,14) und auch die Gemeinde nicht fördert (1 Kor 14,4). Darum bedarf sie der Deutung, die nicht nur für die Gemeinde, sondern auch für den entrückt Redenden selbst von Bedeutung ist, weil so das Geistwirken erst den ganzen Menschen, auch seine natürlichen Kräfte durchdringt. Hieraus erblüht die Meditation in ihrer Vollendung, die den Menschen in die unaussprechliche

Tiefe seiner selbst und vor allem Gottes geleitet. – Mit dem entrückten Sprechen verbindet sich das „Reden aus der Erleuchtung des Geistes", das unsere gewohnten Menschenworte verwendet. Doch werden diese zugleich über ihren alltäglichen, wissenschaftlichen oder poetischen Gebrauch erhoben und zum Ausdruck der Erleuchtung des Geistes gewandelt. Dabei verbindet sich das Geistgewirkte mit unserem natürlichen Verstehen, das so über seine eigenen Möglichkeiten hinaus vollendet wird.

Soweit die Verkündigung diese Höhe erreicht, geht von ihr die wahrhaft geistliche Erbauung aus, wird also das Gemeindeleben von seiner tiefsten Wurzel her gestärkt oder gewinnt es ein charismatisches Gepräge. Dazu ist der Verkündende nur dann imstande, wenn er sich als meditierender Mensch für das Geistwirken empfänglich macht und daraus seiner Verkündigung ihre eigentliche Kraft zuführt. Diese ist so mächtig, daß sie sogar Nichtchristen ins Herz trifft und wandelt und sie spüren: Gott ist unter Euch! Sie werden bis in ihre verborgenen Tiefen durchleuchtet und beten Gott an. Solch ein großartig überzeugender Gottesdienst kommt aus dem Herzen und wirkt in die Herzen, kommt aus der Meditaion und weckt Meditation, was sich um so herrlicher ereignet, je mehr sich der Mensch dem Geistwirken öffnet und von ihm ohne Vorbehalte mitnehmen läßt.

4. Das Amt als Charisma

In einer Hinführung zu den Gaben des Geistes ist heute ein Wort über die Spannung zwischen Amt und Charisma unentbehrlich, die viele Menschen bewegt oder ihnen Schwierigkeiten bereitet. Vielfach sieht man nur noch die sogenannte Amtskirche, die als eine Art von geistlicher Behörde den Menschen unerträgliche Lasten auflegt, ihre Freiheit einschränkt und als menschliche oft allzu menschliche Einrichtung mit den Geistesgaben nichts zu tun hat und obendrein deren Entfaltung behindert. Damit geht eine erschreckende Kirchenmüdigkeit einher, die sich in dem Schlagwort „Christus ja, Kirche nein" verdichtet und zu zahlreichen Austritten aus der Kirche führt, wobei man nichts zu verlieren, sondern erst die Freiheit zu gewinnen meint, die der vollen Blüte des Menschlichen die Wege bereitet. – Im Gegensatz dazu stellt sich nach Paulus und der an ihn anschließenden Urkirche das Amt selbst als Charisma oder als Gnadengabe des Geistes dar. Dadurch unterscheidet sich das kirchliche Amt vom profanen, was man in der heutigen Auseinandersetzung weithin nicht beachtet und so dem Amt in der Kirche nicht gerecht wird.

Das Zusammengehören des Verwaltungsapparates und des Charismas läßt sich zunächst an dem Vergleich veranschaulichen, zu dem R. Guardini in seinem geistvollen Buch „Der Gegensatz" hinführt. Er blickt auf das Wachstum des Baumes hin. Dabei spielen der Bau und der Akt zusammen. Der Bau ist die feste Struktur, die sich der Baum im Stamm, in den Wurzeln und den Ästen gibt und die ohne die Festigkeit des Holzes nicht zustande käme. Darin wirkt der Akt als das strömende Leben, das den Bau herausbildet und fortbildet, ständig in das Lebensgeschehen einbezieht und vor der toten Erstarrung bewahrt. Akt und Bau gehören in der Polarität so zusammen, daß keines der beiden Momente ohne das andere sein kann. Der Bau ohne den Akt ist nur noch die Leiche des Baumes, wie auch der Akt ohne den Bau im Haltlosen zerfließt und nie einen Baum verwirklicht. Von hier auf die Kirche blickend, sehen wir das Amt als den festen Bau, der vom Leben des Geistes durchströmt wird. Auch hier finden wir eine Polarität, deren Pole gewiß voneinander verschieden, zugleich aber untrennbar aufeinander bezogen sind.

Das zentrale Charisma Gottes ist Christus, der Menschgewordene, von dem ebenso das Amt wie das Charisma ausgehen. Schon im Alten Testament treten der Priesterschaft mit dem Gesetz die Propheten als das ergänzende Korrektiv gegenüber. Zur Zeit Christi herrscht die verknöcherte Gesetzestreue der Pharisäer, die mit der Klage, daß es keine Propheten mehr gibt, einhergeht. Mit dem Kommen Christi wird das Gesetz als „Zuchtmeister" zu ihm hin entmachtet (Gal 3,24f.); an dessen Stelle tritt die Freiheit, zu der Christus uns befreit hat und von der Paulus mahnt: „Laßt euch nicht wieder unter das Joch der Knechtschaft zwängen" (Gal 5,1). Mit der Freiheit ist der Vorrang des Charismas gegeben, das Christus uns durch die Sendung seines Geistes schenkt. Es schließt das Amt nicht aus, sondern drängt in das Amt hinein, das mit den von Christus selbst berufenen Aposteln beginnt und schon am Ende des ersten Jahrhunderts zu einer Stufenfolge von Ämtern führt. Das bezeugen die Briefe des Ignatius von Antiochien, nach denen in den Gemeinden bereits Bischöfe, Priester und Diakone ihres Amtes walteten. Dieselbe Struktur weist die orthodoxe Kirche auf. In der römischen Kirche hat sich das Amt besonders deutlich ausgeprägt wegen der Verbindung mit der Rechtsordnung des Römertums. Daraus ging eine einseitige Verrechtlichung der Kirche hervor, an deren Überwindung wir heute noch arbeiten.

Den Trägern des Amtes sind die geistlichen Vollmachten anvertraut, die sie mit Autorität gegenüber den Gliedern der heiligen Gemeinde ausstatten. Wie man im Anschluß an das Evangelium (Mt 16,18 und 18,18) sagt, ist jenen Trägern die Gewalt zu binden und zu lösen übertragen. Genauer betrachtet, geht es dabei um die authentische Verkündigung der geoffenbarten Wahrheit, um das Spenden der Sakramente, um das Leiten der Menschen auf den Wegen Gottes. Das Binden vollzieht nicht ein willkürliches Einschränken der menschlichen

Freiheit, sondern zielt gerade auf das Wahren dieser Freiheit gegen alle Vergewaltigungen von innen und von außen hin. Wie nicht geleugnet werden kann, mischen sich in das geistliche Amt immer wieder weltliche Herrschaftsstrukturen ein, weshalb es der Erlösung Christi, die es den Gliedern des Gottesreiches vermittelt, auch selbst bedarf.

Diese Erlösung wird dem geistlichen Amt von Christus durch den Heiligen Geist zuteil, der es, wie schon das Attribut ‚geistlich' besagt, von innen bewegt und immer wieder zu seinem eigentlichen Wesen hinführt. Damit zeigt sich das geistliche Amt selbst als Charisma oder als Gnadengabe des Heiligen Geistes, die durch die übrigen Geistesgaben befruchtet und vertieft wird. Ergänzend dazu kommen die Menschen, die, ohne selbst Träger des Amtes zu sein, außergewöhnliche Durchbrüche des Gottesgeistes erfahren, die zur geistlichen Erneuerung des Amtes beitragen. Hieraus entspringt eine Spannung, die neben ihren positiven Auswirkungen auch manche Schwierigkeiten heraufbeschworen hat.

Dem Papst Innozenz III., in dem das geistliche Amt zur Zeit des Mittelalters seine machtvollste Ausprägung erreicht hat, steht Franz von Assisi als der charismatische Heilige gegenüber, der die Armut zu seiner Braut erwählt hat. Das Verhältnis der beiden zueinander verdeutlicht der Traum, in dem der Papst sah, wie die vom Einsturz bedrohte Lateran-Basilika von dem Poverello gestützt wurde. Dieses Bild weist darauf hin, daß vom Amt die Ergänzung durch das Charisma verlangt wird. Zugleich aber bleibt das Charisma an das Amt gebunden, was darin zum Ausdruck kommt, daß Franz mit seinen ersten Gefährten nach Rom pilgert, um die Anerkennung des päpstlichen Stuhles für seine Regel zu gewinnen.

Einige seiner späteren Anhänger waren nicht von derselben Weisheit geleitet, als sie sich gegen das Amt erhoben und aus der Kirche ausbrachen. In einer ähnlichen Richtung bewegten sich die Reformatoren des 16. Jahrhunderts, indem sie sich auf das Wirken des Geistes beriefen und sich nicht nur gegen das Amt empörten, sondern es auch abschafften. Diese Entwicklung hat in den Quäkern ein äußerstes Extrem erreicht und ist als Modernismus sogar in die katholische Kirche eingedrungen.

Neuerdings hat unter den Protestanten ein verheißungsvolles Ringen um das Amt eingesetzt, das sich der katholischen Auffassung nähert und den Theologen Heinrich Schlier in die katholische Kirche zurückgeführt hat. Diese selbst hat im Ersten Vatikanischen Konzil und durch Ausscheiden modernistischer Tendenzen das Amt gefestigt, zugleich aber im Zweiten Vatikanischen Konzil der vertieften Synthese des Amtes mit dem Charisma die Wege bereitet.

Sowohl die Träger des geistlichen Amtes als auch die von ihm Getragenen müssen darauf bedacht sein, daß in ihnen das Wirken des Geistes seine Fülle erreicht. In dieser Haltung haben die einen ohne alle weltlichen oder selbstsüchtigen Machtgelüste ihrem Auftrag gerecht zu werden und die anderen ohne Selbstherrlichkeit und falsches Unabhängigkeitsstreben die Weisungen in Treue zu verwirklichen. Auf beiden Seiten wird die sorgfältige Unterscheidung der Geister die gesunde Kritik ermöglichen, die das zum Durchbruch bringt, was wahrhaft des Geistes ist.

Im Idealfall entspricht dem charismatischen Befehlen das ebenso charismatische Gehorchen, wobei die Geistesgaben zusammenwirken, die Paulus auch im Römerbrief mahnend umschreibt (Röm 12,6ff.). Hieraus wird die echte Erneuerung der Theologie, besonders der Schriftauslegung (Exegese), der Seelsorge oder des Gemeindelebens, der christlichen Prägung der Ordens- und der Laienchristen erwachsen. Immer wieder kommt es dabei auf die meditative Verinnerlichung an, die im geistlichen Amt bis zu dem darin wirkenden Geist vordringt und sich für dessen volle Entfaltung frei macht.

Allein auf diesem Wege reift der mündige Christ, der statt von seinem Eigensinn vom Geist Gottes und dessen Gaben getrieben wird und so als wahrhaft geistlicher Mensch den „Sinn Christi" in sich verwirklicht (1 Kor 2,16).

IV. Die Liebe als die Gabe aller Gaben

Jede der vielfältigen Geistesgaben ist eine Ausstrahlung der einen alles umfassenden Gabe, die der Geist Gottes selbst ist. Unter den Gaben besteht eine Rangordnung, die Paulus veranlaßt zu mahnen: „Strebt nach den höchsten Geistesgaben!" (1 Kor 12,31). Höher einzuschätzen sind die inneren als die äußeren Gaben; denn jene, die zur persönlichen Heiligung des Menschen beitragen, sind denen vorzuziehen, die ihm Einfluß auf die anderen gewähren und namentlich dem Aufbau der Gemeinden dienen. Tiefer geschaut, durchdringen sich aber diese zwei Arten von Gaben, weil die äußeren ohne die inneren leicht zu leerem Getue oder zur Schaustellung absinken, während sich die inneren Gaben in den äußeren als ihrer naturgemäßen Auswirkung vollenden. Das zeigt sich in den weiteren Mahnungen des Apostels: „Heget mit Eifer die Geistesgaben" und vor allem „strebt nach der Liebe!" (1 Kor 14,1). Der Weg führt von den äußeren Gaben zu den inneren und von beiden zu der innersten Gabe, nämlich zu der Liebe, von der Paulus sagt: „Nun zeige ich euch einen Weg, der über alles erhaben ist" (1 Kor 12,31). Weil der Geist Gottes als die dritte Person der göttlichen Drei-Einigkeit die Liebe oder *die* Gabe ist, sind alle seine Gaben Ausstrahlungen der Liebe oder deren Teilaspekte. Wer daher aus der Liebe herausfällt oder sie nicht mehr hat, verliert auch die Gaben, da sie ja als Ausstrahlungen der Liebe ohne diese nicht sein können.

Der hier angedeutete Zusammenhang macht die Aussagen, die Paulus mit äußerster Entschiedenheit vollzieht, erst ganz verständlich. Drei Schritte zeichnen sich ab, deren erster besagt, daß ohne die Liebe alles, auch das Außergewöhnliche, nichts ist, was Paulus im einzelnen darlegt. Wer in seinem entrückten Sprechen die Sprache der Engel und sämtlicher Menschen erreichte, ohne die Liebe zu haben, wäre tot wie das tönende Erz und die klingende Schelle. Wer aus der Eingebung des Geistes redete und dabei durch seine hohe Erkenntnis zu allen Geheimnissen vordränge, aber zu lieben nicht imstande wäre, ginge in nichts unter. Dasselbe gilt von der Wunderkraft dessen, der allen Glauben besäße, um Berge zu versetzen; alle seine vielleicht spektakulären Erfolge wären ohne die Liebe zuinnerst nichts. Ohne die Liebe nützt es ebenfalls nichts, daß einer seine gesamte Habe für die Armen und sogar seinen Leib zum Verbrennen hingäbe. Weil von der höchsten Gabe der Liebe alles abhängt, sind alle anderen Gaben ohne die Liebe wertlos oder nichtig. Da die anderen Gaben wesentlich Teilaspekte der Liebe sind, verlieren sie ohne diese ihr eigentliches Wesen, bleibt also von ihnen lediglich der leere äußere Anschein, während ihr innerer Gehalt dahinschwindet. An die Stelle der Wahrheit tritt die Verlogenheit, die dem Wirken des Geistes jeden Boden entzieht.

Wir kommen zum zweiten Schritt, der sich im Text des Apostels abzeichnet. Die Liebe selbst kann dem verlogenen Getue erliegen; sie nützt allein dann etwas, wenn sie echt ist oder in ihrer inneren Wahrheit gelebt wird. Wie auch Johannes bezeugt, muß sie sich aber zuerst am Menschenbruder bewähren, obwohl sie zuinnerst auf Gott hinzielt (1 Joh 4,20). Unter den Betätigungen der Liebe, die Paulus erwähnt, leuchtet als der gemeinsame Grundzug das Überwinden der Selbstsucht zusammen mit dem Hineinreifen in die Selbstlosigkeit hervor. So ist die Liebe ohne Neid und prahlt nicht; sie benimmt sich nicht anmaßend und sucht nicht ihren Vorteil. Damit erhebt sie sich zu der selbst-losen Hingabe, die den anderen ihr Gutes gönnt und sich durch Bescheidenheit auszeichnet; sie wächst über alle verlogene Anmaßung hinaus und übt den Verzicht zum Vorteil der anderen. Die Liebe entmutigt diese nicht, sondern verhilft ihnen zur Entfaltung der Anlagen, die ihnen verliehen sind, und freut sich am gelungenen Leben aller Brüder und Schwestern (1 Kor 13,6).

Im dritten Schritt arbeitet Paulus im Hinblick auf das Vollendete endgültig heraus, daß die Liebe die größte Gabe ist. Alle anderen Gaben nämlich werden mit diesem irdischen Leben ihr Ende erreichen; das gilt namentlich von jeder Art des Geistredens und der damit gegebenen hohen Erkenntnis, weil all Derartiges „Stückwerk" ist (1 Kor 13,9f.). „Wenn aber die Vollendung kommt" oder sobald das jenseitige Leben anbricht, „wird das Stückwerk ein Ende haben" (1 Kor 13,10). Davon aber wird die Liebe nie berührt; sie „fällt nie dahin" oder hört nimmer auf (1 Kor 13,8). Daher gilt es, sich nicht wie ein Kind an das Stückwerk zu klammern, sondern sich wie ein Mann dem Vollendeten zuzuwenden (1 Kor 13,11). Darin liegt eine Warnung vor dem Überschätzen der jetzigen Geistesgaben und eine Mahnung, vor allem die in ihnen sich meldende Liebe anzustreben.

Beim Übergang in das andere Leben wird sich das Stückwerk-Erkennen in das Ganz-Erkennen verwandeln, was damit gleichbedeutend ist, daß wir nicht nur rätselhaft oder wie in einem Spiegel sehen, sondern von Angesicht zu Angesicht (1 Kor 13,12). Damit aber entwickeln sich aus dem Glauben das Schauen und aus dem Hoffen das Besitzen, während die Liebe auch dann Liebe bleibt. Nur tritt aus der mit dem Glauben und dem Hoffen gegebenen unvollendeten Liebe die dem Schauen und dem Besitzen entsprechende vollendete Liebe hervor. So hört die Liebe wahrhaft nimmer auf und erweist sich dadurch als die größte, alle anderen übertreffende Gabe, daß es nicht nur auf Erden, sondern auch im Himmel nichts Größeres gibt, das sie übertreffen könnte (1 Kor 13,13).

Demnach fällt das meditierende Aneignen der Geistesgaben mit dem Wachsen der Liebe zusammen, ohne die auch das

Meditieren tot und sogar nichts ist. Wie der Geist in Gott die volle Hingabe zwischen Vater und Sohn ist, so vollzieht auch der geistliche Mensch in dem Maße, wie der Geist in ihm mächtig wird, die volle Hingabe an das göttliche Du, an die Mitmenschen, an die Dinge, an alles überhaupt. So wird er vermöge der Geistesgaben mit allem eins, wodurch er nicht sich selbst verliert, sondern gerade und erst eigentlich gewinnt. Hieraus erwächst die rechte Ordnung ebenso des Einzel- wie des Gemeindelebens, die nicht mehr der Warnungen und Mahnungen bedarf, weil sie von ihrer tiefsten Wurzel her gesteuert wird. Damit erfüllt sich das Wort des Apostels: „Alles geschehe in Würde und Ordnung"; denn wir dienen nicht dem „Gott der Unordnung, sondern des Friedens" (1 Kor 14,40 und 33).

V. Die Früchte des Geistes

1. Gaben und Früchte

Das über die Gaben des Geistes Gesagte faßt der Apostel in der Losung zusammen: „Wandelt im Geiste" oder „Laßt euch vom Geiste führen" (Gal 5,16 und 18). Wer so sein Leben unter die Leitung des Geistes stellt, „steht nicht mehr unter dem Gesetze" (Gal 5,18). Hier ist zunächst das Gesetz des Alten Testamentes gemeint; doch liegen darin auch Auswirkungen für das mit dem Kommen Christi gegebene Neue Testament. Wir leben nämlich nicht aus dem von außen uns auferlegten Gesetz, sondern aus den von innen in uns aufsteigenden Antrieben, die dem uns durch Christus verliehenen und damit uns innewohnenden Geist entstammen. Die Gesetze aber, die auch in der neutestamentlichen Ordnung unentbehrlich sind, gehen als Verleiblichungen aus jenen Antrieben hervor, weshalb sie aus deren Kraft zu erfüllen sind.

So reift immer tiefer der geistliche Mensch heran, der zunehmend von den Antrieben des Geistes bestimmt und geprägt wird. Der Wandel, der so fortschreitend geschieht, entspringt aus der Triebkraft der Gaben des Geistes und bringt die „Früchte des Geistes" zur Reife (Gal 5,22). Die Vollendung also, die in den Gaben des Geistes angelegt ist, prägt sich in den Früchten des Geistes ganz aus, so daß sich erst in diesen der Reichtum ganz zeigt, der in jenen enthalten ist.

Die Früchte des Geistes widersprechen in letzter Radikalität den „Werken des Fleisches" (Gal 5,19). Dabei tritt der erlöste, von Christus ergriffene und vom Geist getriebene Mensch dem unerlösten Menschen gegenüber, der nicht in Christus lebt und von den Antrieben des Geistes nicht bewegt wird.

2. Liebe und Freiheit

Die grundlegende Kennzeichnung dieses Widerstreites setzt bei der Liebe an, von der wir gesehen haben, daß sie die Gabe aller Gaben ist. Daher heißt es: „Dienet einander in Liebe!" (Gal 5,13). Die Liebe darf aber nicht in blaßen Gefühlen stekkenbleiben, sondern muß sich in Taten oder eben im Dienst bewähren. Der geistliche Mensch lebt also aus der Liebe, in der Liebe und immer tiefer in die Liebe hinein, wodurch in ihm aus der Gabe der Liebe die Frucht der Liebe erwächst. – Im Gegensatz dazu verstrickt sich der unerlöste Mensch in der Selbstsucht, wird er ständig von deren Begierden überwältigt. Von deren Gelüsten fortgerissen, streitet er wider den Geist und vermag nicht das zu tun, wozu er vermöge der Antriebe des Geistes zuinnerst gelangen will (Gal 5,16-18). Damit verkümmert in ihm die Gabe der Liebe, weshalb es zur Frucht der Liebe nicht kommt. Was dieser Irrgang im einzelnen zur Folge hat, stellt Paulus in dem erschütternden Lasterkatalog heraus, der das Bild eines höllisch verkehrten Daseins oder einer unerträglichen Zerrissenheit entwirft. Daß jene, „die solches tun, das Reich Gottes nicht erben" (Gal 5,21), leuchtet ohne weiteres ein.

Mit der Frucht der Liebe hängt auf das innigste die Frucht der Freiheit zusammen. Durch das Senden seines Geistes „hat uns Christus frei gemacht" (Gal 5,1), sind wir „zur Freiheit berufen" (Gal 5,13) und damit von der Knechtschaft des Gesetzes erlöst. Auf dieselbe Bahn stellt uns das Wort: „Wo der Geist des Herrn waltet, da ist Freiheit" (2 Kor 3,17). Wie die Liebe haben wir die Freiheit zunächst nur als Gabe, die noch gefährdet ist. Entweder geraten wir „unter das Joch der Knechtschaft" (Gal 5,1) oder wir verfallen der Zügellosigkeit (Gal 5,13). Auf letztere weist auch Petrus hin: „Handelt nicht als solche, die die Freiheit als Deckmantel für das Böse nehmen" (1 Petr 2,16). Wenn derselbe Brief verlangt, daß wir „wie Knechte Gottes" handeln (1 Petr 2,16), so meint er damit die ausgereifte Freiheit, die sich von innen her und ganz auf Gott ausrichtet. Im Übergang von der gefährdeten zu der gefestigten Freiheit geschieht das Hinwachsen von der Freiheit als Gabe zu der Freiheit als Frucht, die aus der Gabe hervorgeht und sie zu ihrer Vollendung führt. Die vollendete Freiheit ist die vollendete Liebe und umgekehrt, worin sich zugleich die Mitteilung des Geistes vollendet.

3. Enthaltsamkeit und Treue

Liebe und Freiheit lassen einige Grundhaltungen als Früchte des Geistes gedeihen, die wir in eine aufsteigende Ordnung zu bringen versuchen. Von hier aus ist an erster Stelle die „Enthaltsamkeit" zu nennen, die uns über die Verführung des Bösen, zumal des Unkeuschen erhebt, und im selben Maße für das Wirken des Geistes zugänglich macht. Die hierin liegende Läuterung ermöglicht erst das Aufblühen des geistlichen Menschen. – Die Kehrseite der Enthaltsamkeit vom Bösen ist die „Treue" im Guten, die von diesem nicht mehr abfällt, sondern immer tiefer mit ihm verwächst. Sie gewährt eine ungebrochene und ungehemmte, eine stetig voranschreitende innere Entwicklung, die aus jedem das herausformt, was er zuinnerst ist und sein soll. Die Treue verwirklicht sich in der dreifachen Gestalt, die Gabriel Marcel vom Menschen verlangt: Treue zu sich selbst, Treue zum Mitmenschen und zuinnerst Treue zu Gott. Dabei führen zur dritten Gestalt die beiden anderen hin, wie diese auch umgekehrt aus jener sich nähren. Die beiden bisher umschriebenen Früchte des Geistes ergänzen einander zum Grundgepräge des wahrhaft geistlichen Menschen.

4. Die Geduld

Dazu gelangt er erst durch einen langen und oft mühsamen Entwicklungsgang, der die „Geduld" als weitere Frucht des Geistes einschließt. Sie verleiht uns das Ausharren auf dem geistlichen Weg, das Sich-gegen-Widerstände-Durchkämpfen. Dahinter steht die Erfahrung, nach der sich keiner gegen alles Widrige aus seiner eigenen Kraft durchzusetzen vermag. Die echte Geduld entfaltet sich zwischen Ungeduld und Lässigkeit, zwischen zwei Extremen, die beide nicht dem Wirken des Geistes entspringen. Die Ungeduld kann nicht warten, bis die Zeit für einen neuen Schritt gekommen ist, weshalb sie alles erzwingen will und gerade dadurch alles stört und zerstört. Die Lässigkeit hingegen greift nicht oder nicht entschieden genug zu, sobald die Zeit für den nächsten Schritt gekommen ist; nicht selten gleitet sie in eine solche Kraftlosigkeit ab, daß sie den Widerständen ausweicht und sogar erliegt. Zwischen den Extremen bringt der Geist Gottes in der Gabe der Geduld die Frucht der Geduld zur Reife, die als Weisheit dem geistlichen Menschen hilft, seinen Weg zu finden und zu gehen.

Die Geduld als Frucht des Geistes umfaßt mit dem Geduldigen selbst alle Brüder und Schwestern. Wer nämlich an sich selbst erfährt, wie die Vollendung von der Geduld abhängt, wird auch den anderen in der Geduld entgegenkommen, die sich in den drei Haltungen Freundlichkeit, Milde und Güte ausprägt. Die „Freundlichkeit" bejaht den andern in seiner Eigenart und achtet ihn so, wie er ist. Damit fühlt er sich angenommen und anerkannt, spürt er einen Raum der Wärme, in dem er sich wohlfühlt und der zu seiner Entfaltung beiträgt. Darin liegt bereits die allem harten Aburteilen entgegengesetzte „Milde" gegenüber den Grenzen und auch Fehlern der anderen; hierher gehört das Wort: „Die Liebe deckt eine Menge Sünden zu" (1 Petr 4,8). Doch ist das nicht Schwäche, sondern die Großmut, in der erst eine ganz menschliche Begegnung zustande kommt und alle Überheblichkeit verschwindet. Zuletzt sind Freundlichkeit und Milde Ausstrahlungen der „Güte", in der die Beziehung zu den anderen ihre edelste Reife gewinnt. Sie geht vom Herzen aus und dringt zum Herzen vor; der eine ist dem andern und den anderen von Herzen zugetan. Der gütige Mensch schenkt den anderen nicht nur Gaben, sondern vor allem sich selbst. Was die Gewalt nie erreicht, gelingt ihm, indem er sogar versteinerte Herzen rührt und wieder zum Leben erweckt. Das kommt in der Seligpreisung der Sanftmütigen zum Ausdruck; sie werden das Land ihres eigenen Herzens und dasjenige des Herzens der anderen besitzen. Diese Kraft der Güte schließt das radikale Überwinden unserer tief eingewurzelten Selbstsucht ein, weshalb sie einzig als Frucht des Geistes in uns aufblühen kann.

5. Frieden und Freude

Das Zusammenwirken der bisher besprochenen Früchte des Geistes bringt die Frucht des „Friedens" hervor. Wir werden mit dem uns innewohnenden Unfrieden geboren, der in der Selbstsucht seine Wurzel hat. Diese widerstreitet den Anregungen des Geistes und gebiert auch die Zwietracht der Menschen untereinander, die den Apostel zu der scharfen Bemerkung veranlaßt: „Wenn ihr einander beißt und verzehrt, sehet zu, daß ihr euch nicht vollends gegenseitig umbringt" (Gal 5,15). Wer sich hingegen dem Wirken des Geistes hingibt, überwindet die Selbstsucht, weil der Geist aus der Zone des Widerstreits der verschiedenen Kräfte zu jenem Tiefengrund hinabgeleitet, der alle Kräfte umfaßt und in dem sie deshalb noch eins sind und wieder eins werden, was dem Frieden des Menschen in sich selbst gleichkommt. Derselbe Gang in die

Tiefe läßt auch die Zone hinter sich, in der die Menschen wegen ihrer Verschiedenheit und vor allem wegen ihrer Selbstsucht im Widerstreit untereinander liegen. Im Gegensatz dazu schließt uns der Geist die Tiefe auf, in der sie einander gleichen und über ihre Selbstsucht hinauswachsen, wodurch sie den Frieden miteinander finden. Dabei geht es nicht um den faulen Frieden der bloßen Kompromisse, unter dessen Decke die Zerrissenheit fortdauert, sondern um den wahren Frieden, der die Zerrissenheit von der innersten Wurzel her heilt und darum Bestand hat. Solcher Friede verlangt zwar auch die Mitwirkung des Menschen, ist jedoch in erster Linie die Frucht, die der Geist in uns zur Reife bringt.

In der Frucht des Friedens keimt und knospet die Frucht der „Freude". Zerrissenheit, Widerstreit und Unfriede sind Zustände, die Freude und Glück nicht aufkommen lassen, unter denen der Mensch oft bis ins Unerträgliche leidet. Diese Situation hat in unserer Zeit eine äußerste Zuspitzung erreicht, weshalb zahllose Anstrengungen daran arbeiten, eine Abhilfe zu schaffen. Freilich kommt man dabei meist über mehr oder minder tiefgreifende Kompromisse nicht hinaus. Nicht geleugnet werden kann, daß sie den Menschen einiges an Freude und Glück bescheren, die jedoch weithin an der Oberfläche bleiben und deshalb nicht von Dauer sind. Daraus erwächst einerseits eine müde Resignation oder stille Verzweiflung, weil das Leben scheinbar nicht hält, was es verspricht; schließlich werfen es so und so viele weg, weil es ihnen sinn- und wertlos vorkommt. Andererseits suchen nicht wenige in allerlei Konventikeln oder mit abseitigen Praktiken das Ersehnte zu erreichen und so das Dasein zu ergänzen oder zum Ganzen zu vollenden.

In dem hier mit einigen Strichen angedeuteten Ringen um Freude und Glück erfährt der Mensch sein Unvermögen; scheinbar allein gelassen, schaut er nach einem Helfer aus, wobei er freilich oft in die Hände von Quacksalbern gerät, von denen die Geschichte mehrere verhängnisvolle Beispiele aufweist, die das Leiden ins Ungemessene gesteigert haben. Von solchen Erfahrungen ernüchtert, wenden sich die Menschen dem Geist Gottes zu, den Christus uns gerade als Helfer oder Beistand gesandt hat (Joh 16,7). Er schenkt uns die Frucht der Freude, indem er im Oberflächlichen die Tiefe oder im Flüchtigen das Dauernde transparent macht, indem er den vollen Umfang ebenso unseres Glücksverlangens wie des wahrhaft Beglückenden eröffnet. In der Frucht der Freude als der Vollendung sind alle übrigen Früchte als Vorstufen enthalten. Daher kennzeichnen den charismatischen oder geisterfüllten Menschen vor allem die Freude und mit ihr der Friede: Urbild des ewigen Lebens, das nimmer aufhört.

6. Kreuzigung und Herrlichkeit

Darum haben wir während unserer irdischen Pilgerschaft immer wieder zu ringen, womit die Kreuzigung gegeben ist. Zu Freude und Friede gelangen wir in dem Maße, wie wir das Unerlöste in uns „mit seinen Leidenschaften und Lüsten gekreuzigt haben" (Gal 5,24). Die falschen Propheten gaukeln den Menschen vor, sie könnten ohne Kreuzigung die Freude gewinnen oder diese bestünde gerade darin, alle Kreuzigung zu vermeiden. In Wahrheit überwindet die Kreuzigung genau das, was der Freude widerstreitet und befreit sie so zur Fülle ihrer selbst. Da nun in der Freude alle übrigen Früchte des Geistes enthalten sind, durchdringt die Kreuzigung von ihr her auch diese. Infolgedessen stellt sich der charismatische oder geisterfüllte Mensch als der gekreuzigte dar, wobei ihm der Geist die Kraft vermittelt, das Kreuz immer neu auf sich zu nehmen oder die Kreuzigung an sich selbst zu vollstrecken.

Damit leuchtet uns die untrennbare Einheit von Kreuz und Auferstehung als Grundzug des Erlösungsgeschehens auch in der Geistmitteilung auf. Die Früchte des Geistes verdanken wir Christus als dem Auferstandenen, der aber wesentlich der Gekreuzigte ist und immerdar bleibt. Dementsprechend nehmen wir durch die Früchte des Geistes sowohl an der Herrlichkeit des Auferstandenen als auch am Leiden des Gekreuzigten teil. Daher ist der Mensch, der aus den Geistesfrüchten lebt, stets durch das Ineinander von Herrlichkeit und Leiden gekennzeichnet oder dadurch als echt bewährt, daß die Herrlichkeit ständig neu aus dem Leiden hervorgeht.

In diesem Lichte ist auch die abschließende Mahnung des Apostels zu verstehen: „Wenn wir im Geiste leben, so laßt uns auch im Geiste wandeln" (Gal 5,25). Die uns verliehenen Geistesfrüchte werden und müssen sich in unserem alltäglichen Wandel auswirken oder unser gesamtes Tun und Lassen prägen. Während jene Früchte bei vielen verkümmern und schließlich absterben, treten sie im Leben des charismatischen Menschen immer deutlicher und vollendeter hervor. Für ihn gilt das Wort des Römerbriefes: „Die sich vom Geiste Gottes leiten lassen, die sind Kinder Gottes" (Röm 8,14). In ihnen strahlt die noch verborgene Herrlichkeit der Kindschaft Gottes auf oder wird bereits offenbar, wer wir zuinnerst sind und wer wir sein werden, wenn wir den verborgenen Gott schauen, wie er ist. Damit kommt in unserer zeitlich-vorläufigen Gestalt unsere ewig-endgültige Gestalt zum Vorschein. Unsere irdische Alltäglichkeit wird von der überirdischen Herrlichkeit durchleuchtet, was dem Überformen des naturhaften durch den geistlichen Menschen gleichkommt oder als das Kreuzigen des einen und das Auferstehen des andern geschieht.

Von hier aus zeigt sich in letzter Deutlichkeit, wie der geistliche Mensch allein durch Meditation heranreifen kann. Ihn kennzeichnet die alles Tun und Lassen durchdringende meditative Lebenshaltung oder die Meditation als Lebenshaltung. Sie erst verleiht die volle Durchlässigkeit für das Wirken des Geistes, das feine Gespür für seine Anregungen und das bereitwillige Eingehen auf seine Antriebe. Sie bringt das geistliche Gepräge unseres Daseins zur Entfaltung und Vollendung. Dadurch wird unser Leben über die weitverbreitete Leere und Langeweile hinausgeführt und zu der beglückenden Fülle erhoben, die uns mit immer neuen Herrlichkeiten beschenkt und die wir nie ausschöpfen werden. Demnach ist der geistliche Mensch jener, in dem das Wirken des Geistes schon auf Erden eine Vollendung gewährt, die als Anteil an der jenseitigen Vollendung diese durchschimmern läßt oder für sie transparent macht.